AF567627

Nehmen, Teilen, Weiden

Philip Manow

NEHMEN, TEILEN, WEIDEN

Carl Schmitts politische Ökonomien

Konstanz University Press

Bibliografische Information der Deutschen Nationalbibliothek

Die Deutsche Nationalbibliothek verzeichnet diese Publikation in der Deutschen Nationalbibliografie; detaillierte bibliografische Daten sind im Internet über http://dnb.d-nb.de abrufbar.

www.k-up.de | www.wallstein-verlag.de
Konstanz University Press ist ein Imprint der Wallstein Verlag GmbH

Vom Verlag gesetzt aus der Chaparral Pro
Umschlaggestaltung: Eddy Decembrino
Druck und Verarbeitung: Hubert & Co, Göttingen
ISBN 978-3-8353-9101-7

Für Gerd Giesler

Inhalt

Einleitung

Carl Schmitt, angeblich der Occasionalist und Opportunist par excellence, sprunghaft, unsystematisch, inkohärent, widersprüchlich – immer nur auf die nächste Intervention und Polemik aus – entwickelt in einem Zeitraum von vier Dekaden, von 1910 bis 1950, ein intellektuelles Programm von eindrücklicher innerer Folgerichtigkeit. Es setzt ein mit den rechtstheoretischen und rechtsphilosophischen Überlegungen der 1910er Jahre (Schmitt 1969 [1912], 2015 [1914], 2017 [1910]). Sie machen mit der völligen Immanenz des Denkens in der Moderne radikal Ernst. Weder Werte, schon gar nicht die Religion, noch die Natur oder die Vernunft, noch das Recht selbst können in der Gegenwart das Recht fundieren. Diese frühe Kritik an den zeitgenössisch vorherrschenden Theorien des Rechts führt zur Einsicht, dass die Rechtsverwirklichung allein im Staat liegt. Der wiederum ist Arena der Politik – und zwar einer zunehmend demokratisierten Politik. Eine Theorie des Rechts benötigt also eine Theorie der Politik. Hierzu legt Schmitt bekanntlich in den 1920er Jahren die entscheidenden Schriften vor (Schmitt 1923b, 1988 [1927], 1989 [1928], 2004 [1922], 2015 [1921], 2018). Sie gehören zu seinen bekanntesten Werken und sind diejenigen, mit denen sein Denken vornehmlich assoziiert wird. Allerdings findet sich bei Schmitt vor dem Hintergrund dieser Theorie der Politik in den 1930er und 1940er Jahren eine in der Literatur erst seit Kürzerem gewürdigte systematische Reflexion über die Rolle der (internationalisierten bzw. sich internationalisierenden) Wirtschaft in der Politik und im Recht – und diese Überlegungen münden schließlich in sein großes Werk *Der Nomos der Erde* (Schmitt 1997 [1950]).[1] Schmitts sich aus dieser übergreifenden Denkbewegung ergebende Diagnose der Moderne ist bis heute wirkmächtig und brisant, weil sie das (positive) Recht und die (demokratische) Politik und die (kapitalistische) Wirtschaft zusammen denkt, und dabei vor allem auch die Internationalisierung des Rechts und die Globalisierung der Wirtschaft reflektiert, und was beide Prozesse für die nationale Politik bedeuten. Diese große intellektuelle Synthese in der Analyse der Moderne vermag noch immer oder sogar mehr denn je zu faszinieren, auch wenn Schmitts Antisemitismus und seine Kollaboration mit den Nationalsozialisten einen langen Schatten auf sein Werk werfen.

Von der *Einheit* der politischen Theorie Carl Schmitts, von der zusammenhängenden Denkbewegung in seinem Werk handeln also die folgenden Seiten, auf denen bewusst nicht behauptet wird, den *einen* Schlüssel zum Gesamtwerk zu kennen, sondern sich in drei längeren Kapiteln an jenen Kategorien »von einleuchtender Einfachheit« orientiert wird, die Schmitt selbst für ein Verständnis »der Grundfragen jeder Sozial- und Wirtschaftsordnung« vorgeschlagen hatte: Nehmen / Teilen / Weiden (Schmitt 1958 [1953]), und die die nur aufeinander verweisenden Dimensionen der modernen Existenz abbilden: Politik, Recht und Ökonomie.

Teilen: Zunächst steht bei Schmitt in Auseinandersetzung mit zeitgenössischen Rechtstheorien die zentrale Einsicht: »the modern concept of law is in fact derivative of the political. Positive law is, in other words, the product of political power« (Loughlin 2016: 572). Die Basis des Rechts ist in der Gegenwart nichts anderes als die Politik, sie kann nichts anderes sein als die Politik. Wir bekommen nie das Recht zu Gesicht, sondern immer nur das, was der Staat als Recht verwirklicht – also die Rechtsordnung (die manchmal aber nur Ordnung ist und gar nicht mehr Recht; siehe Schmitt 2015 [1914]). Recht ist also schlicht das, was als Recht gesprochen oder durchgesetzt wird, verwirklichtes Recht, immer nur ein ›Abglanz‹ des Rechts. »Das positive, d. h. das logisch autonome Recht kann, soweit es als faktisch gesetzte empirische Normvorstellung in Erscheinung tritt, nicht das Produkt logischer Selbstbewegung des Rechts entspringender Rechtserkenntnis sein, sondern verdankt seine Erscheinung, sein Eingehen in die Wirklichkeit einer autoritären Entscheidung, geschichtlicher Tat, welche in einem nur dialektisch nachzuvollziehenden Akte das Reich der reinen Norm mit dem Bereich bloßer Faktizität von Fall zu Fall verknüpft« (Hofmann 2010 [1964]: 45). Das betrifft einerseits den Richter, aber andererseits und grundlegender den Gesetzgeber. Wir können das Recht also nicht anders als zurückführen auf den Staat, aber müssen den zeitgenössischen Staat zurückführen auf die Politik, denn der Staat ist nichts anderes als die Form einer politischen Gemeinschaft oder eines politischen Verbandes.

Diese Einsicht ist aber bei Schmitt gerade nicht Endpunkt der Analyse im Sinne einer entweder zynischen oder resignativen ›realistischen‹ Machttheorie des Rechts, also eines simplen *autoritas facit legem*. Sie ist auch nicht intellektuelle Kapitulation à la: ›das Staatsrecht hört hier auf‹. Sondern sie ist Ausgangspunkt einer Suche nach der Antwort auf die Frage: Lässt sich vielleicht noch etwas über das Recht sagen, wenn es die Politik (die Macht, die Gewalt, die Revolution) ist, die das Recht begründet (vgl. Benjamin 1965 [1921]; Fögen 2007)? Lässt sich noch etwas mehr über das Recht sagen als nur, dass es die Macht ist, die das Recht begründet? Es ist die Exploration dieser Frage, die Schmitt folgerichtig in den 1920er Jahren beschäftigt.

Das verbleibt, wie Schmitt selbst nicht müde wird zu betonen, *zunächst* innerhalb einer rein juristischen Betrachtungsweise: »Schmitt's work constituted *an exploration of the nature of public law* elaborated from a perspective that asserts the primacy of the political« (Loughlin 2016: 572, meine Hervorhebung). Aber es ist gerade der beschränkende Blick auf das Recht, der Schmitt dazu verhilft, den entscheidenden analytischen Blick auf die Politik zu gewinnen – und zwar über die Untersuchung des Ausnahmezustands, also derjenigen Grenzsituation, in der die Macht dafür sorgt, dass die Voraussetzungen geschaffen werden, die das Recht braucht, um angewendet werden zu können.

Die Entstehung dieses Arguments, zugleich seine Verortung in einer zeitgenössischen Wahrnehmung einer grundsätzlichen Krise des Rechts skizziert Kapitel 1 in einer Parallellektüre von Kafkas *Proceß* (sowie anderer Kafka-Texte) und Schmitts rechtstheoretischen, rechtsphilosophischen Schriften der 1910er Jahre. Was vor dem Hintergrund dieser Lektüre deutlich wird ist das bei Kafka wie Schmitt gleichgerichtete Interesse an den konkreten Hierarchien des Rechts und an den religiösen Versatzstücken in den jeweils unternommenen Antwortversuchen auf die Frage nach den Orientierungen des Rechts in transzendenzlosen, nach-religiösen Zeiten. Bei Schmitt führt das bereits hin zur Gegenüberstellung von Befehl und Norm, zu den konkreten Ordnungen, zu Hierarchie und Diktatur. Vor diesem Hintergrund ist die Hinwendung zu einer politischen Theorie, und zwar einer, die bezüglich der Versuche ihrer verdeckten, verkappten Re-Theologisierung äußerst hellhörig ist, völlig folgerichtig.

Nehmen: Ausgangspunkt für Schmitts nun vorgenommene Betrachtung der politischen Fundierung des Rechts ist die Ausnahme. Die Entscheidung über die normale Situation ist eine über die »transcendental pressupositions of the law« (Moyne) – und damit reinste Politik, Politik in Reinform: »Das Politische erhebt sich über das Juristische« (Schmitt 2014 [1921–1924]: 400). Die Entscheidung über den Ausnahmezustand ist bekanntlich automatisch eine über die Norm und die Normalität, und damit eine über den Feind (Schmitt 2018). Sie ist eine diktatorische Entscheidung, oder man kann auch sagen: eine souveräne.[2] Oder nochmals anders formuliert: hinter dem Gesetz steht die Gewalt, aber keine nackte Gewalt, denn die Gewalt muss sich legitimieren – alles andere wäre nur schlichte Tyrannis, und die kann keinerlei intellektuelles Interesse beanspruchen. Daher steht nicht reine Gewalt, sondern Macht hinter dem Recht, und sie bleibt an das Recht gebunden (Benjamin 1965 [1921]; Derrida 1991 [1990]; Fögen 2007). Die Frage nach der Geltung der Norm übersetzt sich damit in eine Frage nach der Normalität. Sie macht damit immer eine zeitgeschichtliche Einordnung, eine Deutung der Gegenwart erforderlich. Darin liegt der besondere analytische Wert von Schmitts Perspektive, ihr besonderer intellektueller Horizont, aber auch ihre besondere politische Gefährdung – die durch die politischen Festlegungen Schmitts und deren Konsequenzen selbst bezeugt werden.

Mit der Entscheidung in der Ausnahmesituation gibt – laut Schmitt – der politische Verband sich seinen Sinn. Hier gewinnt Schmitt die zentralen Kategorien zur Analyse des Politischen: Staat als politischer Verband, als Status eines Volks, Rechtsverwirklichung als Diktatur, die Unterscheidung von Freund und Feind, die Entscheidung zum Ausnahmezustand, Souveränität usw. In diesem Sinne lässt sich dann auch sagen, dass die Ausnahme alles beweist (sich selbst und die Regel), während die Regel nichts beweist.

Diese Überlegungen präsentieren sich uns insgesamt als plausible argumentative Kette: Das Recht wird durch den Staat verwirklicht, es verwirklicht sich nicht selbst. Es hat auch keine Transzendenz (die Macht hat Transzendenz, nicht das Recht), es verweist weder auf Natur, noch auf Vernunft, noch auf ein ›System‹ oder auf sich selbst (als Grundnorm bei Kelsen oder schlicht als Legalität bei Weber), noch auf Geschichte, noch – beziehungsweise nicht mehr – auf Gott respektive die Kirche. Der Staat – anders als es der vorherrschende Liberalismus will – bringt nicht das Politische hervor, sondern umgekehrt, das Politische den Staat. Der Staat ist nur die äußere Form eines politischen Verbandes. Was hält diesen Verband zusammen? Die Antwort auf diese Frage wird in den Momenten existentieller Gefahr und ›äußerster Not‹ gegeben – also in der Ausnahmesituation.

In ihnen offenbart sich die Metaphysik der Politik als Identifizierung von Freund und Feind. Wird die Antwort verweigert oder kann sie nicht gegeben werden, löst sich der politische Verband auf und die Frage nach seinem Sinn ist auf eine andere Art beantwortet, hat sich erledigt.

Insofern lässt sich die Antwort auf diese Frage nicht im Vorhinein bestimmen, aber was sich sagen lässt ist soviel: Sie muss gegeben werden, sie macht den Kern der Politik aus, und ist geprägt von der Intensität einer Assoziation und Dissoziation. In diese Linie fallen alle zentralen politischen Konzepte Schmitts, sie verweisen logisch aufeinander, entwickeln sich auseinander: Rechtsordnung und Rechtsverwirklichung, Entscheidung, kommissarische versus souveräne Diktatur, Diktatur/Ausnahmezustand, und Ausnahmezustand/Souveränität, Freund-Feind, das Politische usw. Wir sind in der Lage, entlang dieser Begriffsbildungen Schmitts Denkbewegung nachzuvollziehen. Sie ist damit auch weder als rein juristische (Neumann 2015) noch als rein theologische (Groh 1998; Meier 2012) angemessen verstanden, aber zugleich alles andere als unsystematisch oder ›occasionell‹.

Schmitt selbst hat diese schrittweise Fortentwicklung seiner Argumentation wiederholt betont, obwohl man natürlich gegenüber seinen Selbstauslegungen vorsichtig bleiben muss: In *Gesetz und Urteil* habe er, Schmitt, den »Rechtswert der Entscheidung als solcher, unabhängig von ihrem materiellen Gerechtigkeitsinhalt« zur Grundlage einer Untersuchung der Rechtspraxis gemacht.[3] In Weiterführung dieses Gedankens habe sich der Gegensatz von Rechtsnorm und Rechtsverwirklichungsnorm ergeben, den er in der Abhandlung über den *Wert des Staates* untersucht habe. In der Folge habe es nahegelegen, »den kritischen Begriff der Rechtsverwirklichung, also der Diktatur, gesondert zu betrachten« (vgl. Neumann 2015: 15; Schmitt 2015 [1921]: XIX). In der Diktatur-Schrift versucht Schmitt dann »das problematische Verhältnis von staatlicher Rechtsverwirklichungsnorm und sachtechnischer Aktionsregel mit derselben Logik der konkreten Ausnahme zu lösen wie zuvor die Spannung zwischen originärem Recht und staatlicher Rechtsverwirklichungsnorm« (Hofmann 2010 [1964]: 55). Dort ist damit im Wesentlichen vorformuliert, was nachfolgend zu den zentralen Auftaktsätzen aus *Der Begriff des Politischen* führt: »Der Begriff des Staates setzt den Begriff des Politischen voraus« und »Die eigentlich politische Unterscheidung ist die Unterscheidung von Freund und Feind«, oder auch zur Souveränitätsdefinition in der *Politischen Theologie*: »Souverän ist, wer über den Ausnahmezustand entscheidet«. Das sind, nach eigenem Zeugnis, wesentlich nur noch Ausformulierungen, wenn auch besonders zugespitzte, von Einsichten, die sich in der *Diktatur*-Studie vorformuliert finden (Schmitt 1984 [1970]: 21; vgl. Schmitt 2018: 279). Es lässt sich also eine Argumentationslinie ziehen – von 1912 (*Gesetz und Urteil*) über *Die Diktatur* und *Politische Theologie* bis zunächst 1927 (*Der Begriff des Politischen*), dann aber natürlich darüber hinaus bis 1964, wo das Argument in Überarbeitung und höchster Verdichtung in der Neuauflage des *Der Begriff des Politischen* (insbesondere im Hobbes-Kristall) nochmals zur Ausführung kommt.

Das Politische verlangt dabei nach einer besonderen Form, die festlegt, wer entscheidet, wer ein Gesetz anwendet – denn das Gesetz wendet sich nicht selbst an. Das zu betonen ist wichtig im Kontext einer Gegenwart, deren Selbstbeschreibung, deren ureigene neue Politische Theologie, auf eine angeblich universale Bewegung vom Subjektiven zum Objektiven abstellt, so dass sich Politik nur noch als letztlich irrationaler, situativer Einbruch in Prozesse der Verregelmäßigung, der Sachlichkeit und Rationalisierung verstehen lässt.

Kapitel 2 entwickelt vor dem Hintergrund der Rekonstruktion der konfessionellen Wurzeln von Webers Charisma-Konzept die These, dass der wahre Adressat, das wirkliche Ziel von Schmitts Schlüsselwerk *Politische Theolo-*

gie Max Weber und seine Theorie der Rationalisierung (und der revolutionären Gegenkraft: des Charismas) ist und der zentrale Vorwurf gegen ihn exakt in dem besteht, was in zahlreichen Deutungen dieses schwierigen Textes Schmitt selbst als Anliegen unterstellt wurde, nämlich politische Theologie zu betreiben. Insofern bietet dieses zweite Kapitel eine grundsätzliche Neuinterpretation eines Textes exakt hundert Jahre nach seiner Erstveröffentlichung, der nicht nur für Schmitts Werk, sondern darüber hinaus für die Geistesgeschichte des 20. Jahrhunderts bedeutsam geworden ist. Webers Charisma-Konzept setzt Schmitt mit einem alternativen Säkularisierungskonzept eine Vorstellung des Politischen entgegen, deren konstitutive Elemente Repräsentation, rechtliche Form, Hierarchie, und geistige Autorität ganz bewusst der katholischen Kirche abgeschaut sind, ohne dass dies – wie in Petersons Monotheismus-Schrift von 1935 versucht – überzeugend zum Vorwurf eines Missbrauchs des christlichen Glaubens für die Legitimation weltlicher Herrschaft Anlass geben könnte.

Weiden: Aber Schmitts Denkbewegung ist damit noch nicht an ihr Ende gekommen, sondern schreitet, als »logical extension« (Koskenniemi 2016: 594), fort zur Betrachtung des Verhältnisses des Politischen zum Ökonomischen. Zur Normalität der Gegenwartsgesellschaft gehören der – sich internationalisierende – Kapitalismus und die politischen Konfliktlinien, die sich an ihm und in ihm ausbilden: »Alle Macht ist heute wirtschaftliche Macht« (Schmitt 2014 [1921–1924]: 408). Das aber bedeutet, dass gleichermaßen, wie sich ›hinter dem Gesetz‹ das Politische zeigt, sich das Politische auch hinter dem Ökonomischen zeigt. Das Wirtschaftliche wird zum Grundzug des Politischen in der Massendemokratie und dem Konsumkapitalismus des 20. Jahrhunderts. Das wendet sich unter anderem dagegen, in wirtschaftlichen Fragen keine politischen sehen zu wollen: »Die Apologeten des wirtschaftlichen Denkens versuchen einen darüber zu täuschen, dass wirtschaftliche Macht politische

Macht ist; dass es auch in der Wirtschaft nicht ohne Macht geht und dass das wirtschaftliche Denken in dem Augenblick politisches Denken ist, in dem es sich um einen ›ernsten Fall‹ handelt« (Schmitt 2014 [1921–1924]: 392). Die politischen Fragen, zumal im 20. Jahrhundert, sind zuallererst ökonomische Fragen geworden, nicht nur *innenpolitisch*, weil sich an ihnen entlang die gesellschaftlichen Gruppen, die neuen indirekten Gewalten, formieren, sondern auch *außenpolitisch*, weil die Wirtschaft Mittel der globalen Staatenkonkurrenz wird, und weil sich die Macht des Staates mit einer wirtschaftlichen Raumrevolution überkreuzt: »The economy is the new central reality of society, and it poses an ineluctable challenge to which one must respond, since its invasive and overflowing character calls forth conflict and power dynamics that are intrinsically political« (Galli 2015 [2008]: 13). Die Wirtschaft wird zum Zentralgebiet der Moderne und Macht hat nun immer schon einen ökonomischen Index.

Nach Innen heißt das: »Thanks to the power of the economy, the State enters society, and society enters the State. This means that the public scene is characterized by a pluralism of parties and interest groups, which is to say, by social dynamics that have an immediately political valence, and are destructive of unity« (Galli 2015 [2008]: 19). Die Zerstörung der Einheit macht – was der Marxismus ignoriert – den Klassengegner letztlich zum politischen Feind. Schmitt bietet hier eine konsequente Zuspitzung von Hegel und Marx. Er »verfolgte die Kritik der Politischen Ökonomie in die politische Sphäre hinein, denn er war in der Lage zu verstehen, dass der Klassenkampf im Marx'schen Sinne aufhört, etwas Ökonomisches zu sein, wenn er seinen entscheidenden Punkt erreicht, das heißt, wenn das Proletariat seinen bürgerlichen Gegner als wirklichen Feind ernst nimmt. Der wirkliche Kampf spielt sich dann notwendigerweise nicht mehr nach ökonomischen Gesetzen ab, sondern hat – neben den Kampfmethoden im engsten technischen

Sinne – seine politischen Notwendigkeiten und Orientierungen, Koalitionen, Kompromisse usw.« (Ulmen 1991: 9) »In jedem Machtkampf verwandelt sich das Wirtschaftliche in das Politische, wodurch deutlich wird, daß nicht das Wirtschaftliche sondern das Politische das Ganze ist, und dass wirtschaftlicher Mehrwert, recht verstanden, die Metapher für politischen Mehrwert ist« (ebenda). Daher ist nicht die Wirtschaft unser Schicksal, sondern die Politik:[4] Schmitt beschreibt das auch als nach innen gewendeten Imperialismus, als ›Industrie-Nahme‹, als marxistisches Versprechen, alle Probleme des Teilens wären gelöst, wenn erstmal die Mittel der Produktion genommen wurden.[5]

Nach Außen konstatiert Schmitt den »Dualismus von zwischenstaatlich-politischem und international-wirtschaftlichem Recht« (Schmitt 1997 [1950], 210). Politik wird Geopolitik und damit im Zeitalter des internationalisierten Kapitalismus Geo-Ökonomie und damit wiederum auch zu einem Konflikt verschiedener Räume. So verlängert sich die Argumentations- und Begriffskette, sie weist nun auch vom Weltmarkt auf das Politische zurück. Auf eine Kritik der Rechtstheorie folgt bei Schmitt erst eine Theorie der Politik, dann eine theoretische Berücksichtigung der Politischen Ökonomie, die sich auch zu einer der Internationalen Politischen Ökonomie ausweitet – weil das Recht dem sich globalisierenden Kapitalismus folgt.[6] Hier lauten die zentrale Begriffe: Großraum, neue Monroe-Doktrin, *jus publicum europaeum*, Freundschaftslinien, Nomos der Erde, *cujus economia/industria, ejus regio* …

Schmitt ist einer der frühesten und fundiertesten Theoretiker der Globalisierung. Seine Perspektive reflektiert eine Lage Deutschlands im ersten Viertel des 20. Jahrhunderts, die in vielerlei Hinsicht von einer internationalen Arbeitsteilung geprägt war, die sich im letzten Viertel des 19. Jahrhunderts rasant ausgebildet hatte und dann mit dem Ersten Weltkrieg eine dramatische Krise erlebte, in der sich zugleich schlagartig ihre ganze sicherheits- und geopolitische Bedeutung zeigte. Die Handels- und Hungerblockade Deutschlands im Ersten Weltkrieg, der Völkerbund mit seinem ökonomischen Sanktionssystem (*economic pressure*), die »völkerrechtlichen Formen des modernen Imperialismus« (Schmitt 1988 [1932a]), die sich an den rechtlichen Konflikten über den U-Boot-Krieg und die Handelsblockade zeigen, an dem Problem der freien See, an der sich auf dem Meer vollkommen neu stellenden Neutralitätsfrage, dem neokolonialen Protektoratssystem des Völkerbundes (Pedersen 2015), der wachsende Inkongruenz zwischen der vorherrschenden politischen Raumform, dem Nationalstaat, und den entstehenden ökonomischen Großräumen – dies alles sind Themen, mit denen sich Schmitt schon in den zwanziger Jahren, besonders intensiv dann aber in dem relativ kurzen Zeitraum von 1938 bis 1950 beschäftigt, und die hier ihre äußerst polemischen Reflektionen finden. Schmitts bei allem Revisionismus und Ressentiment hellsichtige Kritik des völkerrechtlichen Systems nach 1918 macht ihn anschlussfähig für zeitgenössische Debatten über die Dekolonialisierung des Völkerrechts (Brown 2008; Hooker 2009; Legg 2011; Odysseos/Petito 2007), genauso wie seine Wahrnehmung des umfassenden Extraktions-, Destruktions-, Extinktions- und Distraktionswerks des globalisierten Konsumkapitalismus – dieser neuen Religion eines Zeitalters, in dem die Monster technisch geworden sind – ihn anschlussfähig macht für gegenwärtige Debatten um die ökologische Gefährdung der einen Welt.[7] Im Rückblick, der die Zeiten, die sich der Illusion hingegeben haben, ohne die Kategorie der Ausnahme auskommen zu können, als Ausnahmezeiten erkennt, zeigen sich auch Einschätzungen wie die, dass Schmitt dem Leser als eine Gestalt begegne, »die die Geister fasziniert und an der sie sich scheiden, aber nicht als ein Denker, dessen Theorien gegenwärtig von Relevanz sind, weitergedacht und angewandt werden« (Schlink 1991: 175), als Einschätzungen eben dieser vergangenen Gegenwart und ihrer ganz selbstzufriedenen Protagonisten.

Kapitel 3 behandelt in diesem Sinne Schmitts Schriften der späten 1930er bis 1950er Jahre (vgl. Schmitt 1942; Schmitt 1982 [1938], 1997 [1950]) vor dem Hintergrund einer Darstellung von Deutschlands Wiederaufnahme des Walfangs 1937/38. Es bietet daher erneut eine ›Parallellektüre‹, aber nun eine zwischen Argumentationsgang und ›konkreter Lage‹, zwischen der Politischen Ökonomie der Kriegswirtschaft und der wirtschaftlichen Nachkriegsordnung einerseits und Schmitts Schriften dieser Zeit andererseits. Der Befund, dass der Staat nun tot sei, wird – in äußerst charakteristischer Wendung – bei Schmitt sofort zur Frage, wer ihn getötet hat. Hobbes großem mythischen Bild vom Leviathan stellt Schmitt daher in seinem enigmatischen *Leviathan*-Buch von 1938 wie auch in dem 1950 erschienen Band *Nomos der Erde* das mythische Bild des zur Strecke gebrachten Wals entgegen. Von dieser Warte aus wird ein Blick auf die Nachkriegsordnung, auf den sich nun etablierenden Konsumkapitalismus als ›Pseudoreligion der großen Massen der industrialisierten Länder‹ und auf dessen umfassendes Zerstörungswerk möglich.

Im Falle dieses Autors die These einer zusammenhängenden Denkbewegung zu vertreten stellt sich gegen eine prominente Lesart des Werkes, an deren Anfang Karl Löwith steht, und die in Schmitts Schriften nur Sprunghaftes, Unsystematisches und Widersprüchliches zu erkennen vermag (Löwith 1960 [1935]). Diese Deutung des Werkes ist bis heute wirkmächtig (vgl. Neumann 2015). Handelt es sich bei dem Autor Carl Schmitt also lediglich um eine ›Personalunion‹ disparatester Stellungnahmen? Sehen wir nur »Stil und Pose«, aber keine »konsistente Lehre« (Lennartz 2018: 114)? Sind es »weniger seine ›Positionen und Begriffe‹, die seine fortdauernde Präsenz erklären, als seine Sprache und der Stil seines Denkens« (Altmann 1988: 733)? Hasso Hofmann hatte in seiner inzwischen klassischen Studie die Hauptaufgabe der Schmitt-Rezeption darin gesehen, auf die Frage nach dem Werkzusammenhang eine Antwort zu geben: »Schließlich besteht auch nicht im mindesten Übereinstimmung darüber, ob dem Werke Schmitts eine Gesamtkonzeption – womöglich gar eine solche von massiver politischer Eindeutigkeit – zugrunde liegt, oder ob es sich bei näherer Betrachtung nicht in eine ›atembeklemmende Folge wechselnder Standpunkte‹ auflöst. Und hier bei dieser letztlich entscheidenden Frage, muß eine Untersuchung ansetzten, die sich um das Verständnis des Schmittschen Werkes im Ganzen bemüht« (Hofmann 2010 [1964]: 2). Hofmann selbst sah diesen innersten Zusammenhang in der Frage nach Legitimität und Legalität gegeben – ein Fluchtpunkt der Interpretation, der von hinreichender Allgemeinheit ist, um nicht widerlegt werden zu können (Lennartz 2018).

Als Gegenposition findet sich aber auch schon zeitgenössisch die These vom innersten Zusammenhang der Schriften formuliert.[8] Dieser Zusammenhang wird regelmäßig im Theologischen, präziser in Schmitts angeblicher politischer Theologie gesucht – und dann meistens auch gefunden (vgl. etwa Groh 1998; Meier 2012). Aber folgerichtig ist das politische Denken Schmitts gerade, so das hier entwickelte Argument, weil es von der radikalen Kritik der Begründung des Rechts zur radikalen Kritik der politischen Theologie fortschreitet (siehe Kapitel 2).

Die Schmitt-Rezeption befindet sich im Überschneidungsbereich mindestens dreier Problemfelder: Zum einen ist sie konfrontiert mit Schmitts esoterischem Schreiben, das selbst Konsequenz seiner Theorie moderner Öffentlichkeit ist.[9] Dieses esoterische Schreiben stellt angesichts von Schmitts ungemein weitgespannten intellektuellen Interessen und seines enormen Bildungshorizonts mit seinem Referenzenreichtum bereits eine Herausforderung eigener Art dar. Hinzu kommt ein Werk, das erneut aufgrund theoretischer Grundsatzentscheidungen geprägt ist von meist kürzeren Interventionen, einzelnen, anlassbezogenen Analysen einer jeweils konkreten Lage. Die intellektuelle Synthese und mögliche Einheit des Werks ergeben sich dann aus einem reichen intertextuellen Geflecht von Referenzen, Verweisen, Begriffen – teils über lange Zeiträume hinweg. Für die Antwort auf die Frage nach einem möglichen Werkzusammenhang oder seiner Entwicklungsgeschichte spielt es dann beispielsweise eine Rolle, ob und wenn ja, in welchem Sinne ein Begriff wie ›Pseudo-Religion‹, geprägt im Jahre 1950, zurück verweist auf die Diagnose einer ›Politischen Theologie‹ der Gegenwart von 1922 (siehe Kapitel 2 und 3). Schließlich haben wir es zu tun mit einer politischen Pariagestalt, gegenüber der ein Großteil der bundesdeutschen Rezeption im Sinne politischer und moralischer Selbstvergewisserung von vornherein auf ›Widerlegung‹ festgelegt war und ist. Diese Rezeption hat daher in Konfrontation mit abgründigen, schwierigen Texten eines Antisemiten und zeitweisen Kollaborateurs des Nazi-Regimes regelmäßig den Weg des geringeren hermeneutischen Widerstands eingeschlagen, nämlich den Befund der Widersprüchlichkeit, der Inkonsistenz, des Irrtums und der Diagnose eines größtmöglichen intellektuellen Opportunismus (vor dem Hintergrund der Diagnose eines größtmöglichen politischen Opportunismus). Selbst dort, wo es nicht vornehmlich um politische oder moralische Markierungen geht, wird regelmäßig das Verständnis des Werks durch den Verweis auf die kontroverse Person und ihre politische Biographie zu erlangen gesucht, aber in ihnen geht ja die Theorie nicht auf. Ihr geschichtsphilosophischer Anspruch wird durch Referenz auf ›Biographie‹ oder gar ›Psychologie‹ stattdessen systematisch unterlaufen. So einfach sollte man es sich mit diesem Werk, bei dem nichts einfach ist, aber nicht machen.

I TEILEN

J'ai montré la porte secrète de ce sanctuaire écarté où se jugent les perplexités de la justice et tous les problèmes, pour lesquels Thémis n'a pas de balance: car si on les montre, l'avide intérêt et tous les sophismes des passions forcent bientôt la porte et violent la conscience dans son dernier asile.

(Schmitt 2015 [1991]: 130)

Hüter

1914 schrieb Franz Kafka die Erzählung »Vor dem Gesetz«, das einzige zu Lebzeiten (1915) veröffentlichte Fragment des *Proceß*-Romans. Die bekannte ›Legende‹, Teil der einleitenden Schriften in das Gesetz, wie uns Kafka versichert, handelt von dem ›Mann vom Lande‹ und vom Türhüter, der ihm den Eintritt in das Gesetz verwehrt: »Wenn es dich so lockt, versuche es doch, trotz meines Verbots hineinzugehen. Merke aber: Ich bin mächtig. Und ich bin nur der unterste Türhüter. Von Saal zu Saal stehn aber Türhüter, einer mächtiger als der andere. Schon den Anblick des Dritten kann nicht einmal ich mehr ertragen«. In seiner 1914 veröffentlichten Habilitationsschrift *Der Wert des Staates und die Bedeutung des Einzelnen* schreibt Carl Schmitt: »Kein Gesetz kann sich selbst vollstrecken, es sind immer nur Menschen, die zu Hütern der Gesetze aufgestellt werden können, und wer selbst den Hütern nicht traut, dem hilft es nichts, ihnen wieder neue Hüter zu geben« (Schmitt 2015 [1914]: 83).[10] Sollte der Doktor der Rechte Franz Kafka, der 1906 an der Prager Universität promoviert wurde, auch später noch gelegentlich in der rechtswissenschaftlichen Bibliothek der Universität oder der Lese- und Redehalle deutscher Studenten vorbeigeschaut haben? Ein juristisches Buch mit dem Titel *Der Wert des Staates und die Bedeutung des Einzelnen* – zumal von einem Autor, der zwei Jahre zuvor ein Buch mit dem Titel *Gesetz und Urteil* veröffentlicht hatte – hätte sicherlich Kafkas Neugierde geweckt.

Kafka könnte in Schmitts Schrift auf zahlreiche weitere, elektrisierende Sätze gestoßen sein. Etwa auf den vom Individuum, das als empirisches Einzelwesen »verschwindet, um vom Recht und dem Staat, als der Aufgabe, Recht zu verwirklichen, erfaßt zu werden und selbst seinen Sinn [...]

und seinen Wert in dieser abgeschlossenen Welt nach ihren eigenen Normen zu empfangen« (Schmitt 2015 [1914]: 10).[11] Oder auf den Satz vom Recht als »überempirische Macht, die das Empirische ihren Zwecken dienbar macht« (Schmitt 2015 [1914]: 38). Auf: »nur das Urteil ist juristisch interessant, nicht die Hinrichtung« beziehungsweise »Das richtigste Urteil ist nicht das, welches am gründlichsten vollstreckt wird« (Schmitt 2015 [1914]: 71). Er wäre bei Schmitt auch auf den Hinweis auf die Beamtenhierarchie des Rechts gestoßen, »in der der unabhängige Richter in einer höheren, ganz anders gearteten Sphäre steht, als der huissier« (Schmitt 2015 [1914]: 72), oder auf den Satz, dass die Kontinuität des »Individuums, das im Staate lebt, nur aus dem Staat [fließt]« (Schmitt 2015 [1914]: 86), oder auf: »der Staat als Macht und daher als Nicht-Recht steht dem Recht gegenüber, um es zu verwirklichen« (ebenda). Und dann schließlich ganz am Ende des Buchs auf das im letzten Satz evozierte gewaltige und rätselhafte Abschlussbild von den Gewässern, die »alle schließlich im Meere enden, um in dessen Unendlichkeit ihre Ruhe zu finden« (Schmitt 2015 [1914]: 108) – ein Satz, der sich selbst wie einer dieser enigmatischen letzten Sätze Kafkas liest (›In diesem Augenblick ging über die Brücke ein geradezu unendlicher Verkehr‹).[12]

Schmitts Bemerkung, dass die Hierarchie des Gesetzes letztlich nicht eine »Hierarchie der Normen, sondern nur eine Hierarchie konkreter Menschen und Instanzen« (Schmitt 1988 [1932b]: 57) ist,[13] erscheint wie eine Schreibanweisung, zu der der *Proceß*-Roman die halb paranoide, halb satirische Ausarbeitung liefert. Die Bemerkung findet im Roman ihr Echo in dem Hinweis K.s auf die ›große Organisation‹, die sich hinter jeder Äußerung des Gerichts befindet, eine Organisation, die »nicht nur bestechliche Wärter, läppische Aufseher und Untersuchungsrichter, die günstigen Falls bescheiden sind, beschäftigt, sondern die weiterhin jedenfalls eine Richterschaft hohen und höchsten Grades unterhält, mit dem zahllosen unumgänglichen

Gefolge von Dienern, Schreibern, Gendarmen und anderen Hilfskräften, vielleicht sogar Henkern« (Kafka 2006 [1925]: 44–45). Wobei diese Personalisierung des Rechts in der unendlichen »Rangordnung« und »Steigerung des Gerichts« (Kafka 2006 [1925]: 109) bei Kafka schließlich als Endpunkt die Möglichkeit der völligen Umkehrung dieses vielstufigen Subordinationsverhältnisses eröffnet: »Ein einziger Henker könnte das ganze Gericht ersetzen« (Kafka 2006 [1925]: 141). Auch für Schmitt verstand sich die Personenhierarchie des Rechts nicht von selbst: »Das Subordinationsverhältnis [zwischen Richter und ›huissier‹] mußte, solange es nicht als Ausstrahlung des rein gedanklichen Verhältnisses der Überlegenheit des Richters über die Macht erkannt war, deshalb mit einer gewissen Verwunderung bemerkt werden, weil auch das Exekutionsorgan eine staatliche Befugnis, ein Imperium, hat und ein tatsächlicher Grund seiner Inferiorität nicht angegeben werden kann« (Schmitt 2015 [1914]: 72).

Die Vollstreckung könnte schließlich das Urteil obsolet werden lassen, eine Vorstellung, die in der zur gleichen Zeit entstehenden »Strafkolonie«-Erzählung ihre grausame Ausführung findet – und die sich wie die exakte literarische Umkehrung der juristischen These Schmitts liest: dasjenige Urteil ist das richtigste, das am gründlichsten vollstreckt wird. Ein Urteil wird ja auch im *Proceß*-Roman nie ausgesprochen, sondern am Ende nur einfach und elendig, in einem abgelegenen Steinbruch, vollzogen. Dies bezeichnenderweise eben nicht als Urteil, sondern – völlig schmittianisch – als reine *Entscheidung*: »Wo war der Richter, den er nie gesehen hatte? Wo war das hohe Gericht bis zu dem er nie gekommen war? Er hob die Hände und spreizte die Finger. Aber an K.'s Gurgel legten sich die Hände des einen Herren, während der andere das Messer ihm ins Herz stieß und zweimal dort drehte. Mit brechenden Augen sah noch K. wie nahe vor seinem Gesicht die Herren Wange an Wange aneinandergelehnt die Entscheidung beobachteten.

›Wie ein Hund!‹ sagte er, es war, als sollte die Scham ihn überleben« (Kafka 2006 [1925]: 208).

»Das, woran sich die juristische Entscheidung legitimiert, liegt nicht vor ihr«, so schreibt Carl Schmitt schon in *Gesetz und Urteil* (1912), etwa als positives Gesetz, sondern ist erst – mit Hilfe des positiven Gesetzes – durch die juristische Entscheidung selbst zu bewirken (Schmitt 1969 [1912]: 93), aber womöglich auch ganz ohne Gesetz, wenn es »sich ausschließlich darum handelt, überhaupt eine, gleichgültig, was für eine Entscheidung zu geben« (Schmitt 1969 [1912]: 99). Also eine Entscheidung, die sich durch ihren Vollzug legitimiert und dadurch, dass sie dazu autorisiert ist, getroffen zu werden, durch jemanden getroffen wurde, der ›zuständig‹ ist (Neumann 2015), und deswegen auf das Urteil verzichten kann: »Ein einziger Henker könnte das ganze Gericht ersetzen« (siehe oben).

Der starke Eindruck eines Bezugs zwischen diesen Texten, auch wenn er allein das Resultat ihres späten Zusammenlesens sein sollte, kann sich zumindest auf die weitreichende Übereinstimmung in der Fragestellung berufen. Die Einsicht, dass sich die Gesetze nicht selbst vollziehen, reflektiert bei Kafka wie bei Schmitt die Erkenntnis, dass sich die Geschichte nicht mehr als Selbstvollzug der Vernunft verstehen lässt. »Die Entscheidung wird ›selbständig‹, weil der normative und der geschichtliche Horizont dieser Welt sich verflüchtigt haben« (Adam 1992: 42). Aber was ist das Fundament des Gesetzes, wenn es die Religion nicht mehr ist und die demokratische Politik es noch nicht sein kann, beziehungsweise die demokratische Politik sich ja fragen lassen muss, auf genau welcher Grundlage sie denn eigentlich das Recht setzt? Was ist, wenn in einem »nachutopischen, metaphysikfreien, positiv gewordenen Zeitalter [...] nur noch die Worte des Gesetzes übrig geblieben« sind (Fögen 2007: 85)?

Wenn das Urteil immer zugleich aus Entscheidung und Norm besteht, wird es in einem extremen, polaren Sinne manchmal auch nur Entscheidung und überhaupt nicht mehr Norm. Dies gilt bekanntlich insbesondere dann, wenn eine souveräne Entscheidung (konkret also: eine Entscheidung des Souveräns), erst überhaupt für die Normalsituation sorgt, in der das Recht Anwendung finden kann (Schmitt 2004 [1922]). Recht und Rechtsordnung sind zwei unterschiedliche Dinge, und die Rechtsordnung ist manchmal auch nur noch Ordnung, und gar nicht mehr Recht: »Richtiges Auffassen einer Sache und Mißverstehn der gleichen Sache schließen sich nicht vollständig aus« (Kafka 2006 [1925]: 199). Alles zielt zunächst auf das Problem der Rechtsverwirklichung und der ›Rechtsbestimmtheit‹ (Schmitt 1969 [1912]). Schmitt verweigert sich beharrlich dem – später auch von der Systemtheorie oder dem Poststrukturalismus unternommenen – Versuch, das Problem – das Recht als möglicherweise leere Verweisstruktur, als pure Referenzialität – zugleich als dessen Lösung zu präsentieren: »Hinter dem ersten kommt ein weiteres Tor, und dann wieder eines. Wer versucht, hinter das erste Tor zu dringen, um hinter das zweite zu gelangen und so fort, wird immer weitergeleitet. Die symbolische Ordnung setzt sich folglich aus Toren zusammen, die auf Tore verweisen. – Am Ende ›ahnen wir dunkel [...] eine Struktur der Referenzialität‹« (Vismann 2000: 33). Dass Gesetze nicht nur auf andere Gesetze, sondern vielleicht ganz zuletzt auf Werte verweisen, die dann den Gesetzesgehorsam garantieren, auch diese zu unserer Beruhigung kolportierte Legende kommentiert Schmitt nur knapp (mit einer Paraphrase des Proudhon-Ausspruches): »Wer sagt, dass sie [die Werte, PM] gelten, ohne dass ein Mensch sie geltend macht, will betrügen« (Schmitt 2011 [1967]: 41).

Wenn man aber weder die Selbstreferenz noch die Universalität des Wertehimmels als Lösung akzeptiert, wird die Frage nach dem Zugang zum Gesetz eine Frage nach dem Zugang zum Gesetzgeber und Gesetzessprecher, der ›vor dem Gesetz‹ steht. Wir sprechen dann von konkreten Menschen und tatsächlichen Räumen, von Erreichbarkeit und von Wegen. Bei Schmitt wie bei Kafka hat das Recht einen konkreten Ort, gehütet von konkreten Menschen, aber da letztlich nur die Orte und die Menschen *real* sind, besteht die quälende Ungewissheit, ob es das dahinterliegende Recht überhaupt gibt, oder ob die Ordnung nicht nur von dem Verlangen nach ihm aufrechterhalten wird. Oder aber womöglich von der menschlichen Lust an der Macht, statt von ihrem Willen zum Recht: »so ist das alles höchst unsicher und vielleicht nur ein Spiel des Verstandes, denn vielleicht bestehen die Gesetze, die wir hier zu erraten suchen, überhaupt nicht« (Kafka 1979 [1915]: 314). Ist es vielleicht so, dass nur »das Begehren um Einlass, das Phantasma, dass hinter dem begrenzten Zugang etwas sei, [...] das Gesetz [schafft]« (Vismann 2000: 33)? Macht nur das Tor »den ganzen Unterschied zwischen einer einfachen Leere und einem bindenden Geheimnis« (Vismann 2000: 32)? Zwischen dem Recht und der Wirklichkeit, der Norm und ihrer Verwirklichung bleibt eine »unübersteigliche Kluft«, die nicht durch »noch so viel Zwischenglieder« aufzufüllen ist, denn die Norm geht niemals eine Verbindung mit der Wirklichkeit ein (vgl. Hofmann 2010 [1964]: 41). Rechtsverwirklichung ist also notwendigerweise immer nur der »Abglanz« des Rechts »in der empirischen Welt« (Schmitt 2015 [1914]: 77) – ein Abglanz des Glanzes, den man im Dunkeln vielleicht zu erkennen glaubt, wie er »unverlöschlich aus der Türe des Gesetzes bricht« (oder täuschen uns lediglich unsere Augen?).[14]

»In synchroner Hinsicht ist die Kanzlei der Ort vor dem Gesetz. Dort werden Gesetze angefertigt. Auch in diachroner Hinsicht steht die Kanzlei vor dem Gesetz. Sie prozessiert die Entwicklung des Rechtsstaats. Mit den Worten eines Historikers: ›Das Aufkommen des Wortes *cancellaria* bedeutet einen ganz bestimmen Augenblick in der inneren Entwicklung der wichtigsten abendländischen Staaten‹. Es ist der ›Augenblick‹, in dem Herrschaft mit Gesetzen ausgeübt wird« (Vismann 2000: 34). Dabei bedeutet *cancellarius* ursprünglich Türsteher. »Der Titel des Amtes ist von den *cancelli* hergeleitet, d. h. von den gitterförmigen und daher durchsichtigen Schranken, die den Gerichtsraum gegen das Publicum abschlossen [...]. Denn der Platz des C. war ursprünglich an der Thür derselben; dort hatte er die Audienzsuchenden bei dem Richter vorzulassen [...], Schriftstücke entgegenzunehmen und ihm zu überreichen [...], kurz seinen Verkehr mit der Aussenwelt zu vermitteln. Aus jener Präsentation der Urkunden zur Unterschrift entwickelte sich später bei den kaiserlichen C. die Befugnis, die Edicte zur Publication zu bringen [...] Anfangs aber waren sie thatsächlich nichts weiter als Thürsteher, und ihr Rang daher selbst bei denen, die dem Kaiser unmittelbar dienten, ein sehr niedriger [...], weshalb sie auch in der Notitia dignitatum [...] in der Reihe der kaiserlichen Officia an allerletzter Stelle stehen. Trotzdem war ihre Macht nicht gering, schon weil ohne ihren guten Willen, den sie sich oft teuer bezahlen liessen ..., niemand mit dem Oberbeamten in Verkehr treten konnte« (Seeck 1899; Vismann 2000: 34). Sie bewachen den Ort, auf den K. durch einen Zettel in »einer kindlichen ungeübten Schrift« aufmerksam gemacht wird. Auf ihm steht geschrieben: »Aufgang zu den Gerichtskanzleien« (Kafka 2006 [1925]: 57). »Hier auf dem Dachboden dieses Mietshauses waren also die Gerichtskanzleien?« Nachdem er eingetreten ist, sieht K. »Abteilungen«, die »gegen den Gang zu statt einheitlicher Bretterwände, bloße, allerdings bis zur Decke reichende Holzgitter [hatten], durch die einiges Licht drang und durch die man auch einzelne Beamte sehen konnte, wie sie an Tischen schrieben oder geradezu am Gitter standen und durch die Lücken die Leute auf dem Gang beobachteten« (Kafka 2006 [1925]: 60).

Abb. 1: Mann am Gitter – eine Zeichnung Franz Kafkas (Kilcher 2021, Zeichnung 100).

Die Cancellari als die, die ›am Gitter standen‹ – aus der subalternen Stellung als Türhüter entwickelt sich im Laufe der Zeit der Kanzler als oberster Beamte, er wandert in der Hierarchie, die dem Gesetz dient, von einem ›sehr niedrigen‹ Rang auf den höchsten. Wie erklärt sich dieser Aufstieg? Nach Schmitt erklärt er sich aus der Dialektik zwischen ›Raum und Vorraum menschlicher Macht‹. Denn die Macht verleiht demjenigen, der den Zugang zur Macht kontrolliert, der über den Vorraum verfügt, also dem Türhüter, ebenfalls Macht: »Vor jedem Raum direkter Macht bildet sich ein Vorraum indirekter Einflüsse und Gewalten, ein

Zugang zum Ohr, ein Korridor zur Seele des Machthabers. Es gibt keine menschliche Macht ohne diesen Vorraum und ohne diesen Korridor. [...] Antichambre, Hintertreppe, Umraum, Unterraum [...]. Hier versammeln sich die Indirekten [...]: Minister und Botschafter in großer Uniform, aber auch Beichtväter und Leibärzte, Adjutanten und Sekretärinnen, Kammerdiener und Mätressen. [...] Manchmal ist der Vorraum wirklich das offizielle Staatszimmer [...]. Oft ist er aber auch nur ein privates Kabinett« (Schmitt 2008 [1954]: 23–24). Das ist die Macht des Zugangs zur Macht. Für Schmitt ist der Zugang zum Gesetz nur über die Räume der Macht möglich. Derjenige, der den Zugang zur Macht regelt, der Cancellarius, der am Gitter steht, wird schließlich selbst zum obersten Gesetzeshüter, derjenige, der den Verkehr der indirekten Parteien lenkt, wird schließlich zu jener mächtigsten Figur.

Die Vermittler- und Botenfunktion derjenigen Figuren Kafkas, die an den Schwellen und Übergängen stehen, abgegrenzt durch Gitter, die immer ebenso Unterbrecher wie Vermittler sind, hat Walter Benjamin in seinem Text »Franz Kafka. Zur zehnten Wiederkehr seines Todestages« in den Blick genommen, den er folgerichtig mit einer Kanzlei- und Kanzlistenepisode beginnen lässt (Benjamin 1981 [1934]):

> Potemkin
> Es wird erzählt: Potemkin litt an schweren mehr oder weniger regelmäßig wiederkehrenden Depressionen, während deren sich niemand ihm nähern durfte und der Zugang zu seinem Zimmer aufs strengste verboten war. Am Hofe wurde dieses Leiden nicht erwähnt, insbesondere wußte man, daß jede Anspielung darauf die Ungnade der Kaiserin Katharina nach sich zog. Eine dieser Depressionen des Kanzlers dauerte außergewöhnlich lange. Ernste Mißstände waren die Folgen; in den Registraturen häuften sich Akten, deren Erledigung, die ohne Unterschrift Potemkins unmöglich war, von der Zarin

gefordert wurde, Die hohen Beamten wußten sich keinen Rat. In dieser Zeit geriet durch einen Zufall der unbedeutende kleine Kanzlist Schuwalkin in die Vorzimmer des Kanzlerpalais, wo die Staatsräte wie gewöhnlich jammernd und klagend beisammen standen, »Was gibt es, Excellenzen? Womit kann ich Excellenzen dienen?« bemerkte der eilfertige Schuwalkin. Man erklärte ihm den Fall und bedauerte, von seinen Diensten keinen Gebrauch machen zu können. »Wenn es weiter nichts ist, meine Herren,« antwortete Schuwalkin, »überlassen Sie mir die Akten. Ich bitte darum.« Die Staatsräte, die nichts zu verlieren hatten, ließen sich dazu bewegen, und Schuwalkin schlug, das Aktenbündel unterm Arm, durch Galerien und Korridore den Weg zum Schlafzimmer Potemkins ein. Ohne anzuklopfen, ja ohne haltzumachen, drückte er die Türklinke nieder. Das Zimmer war nicht verschlossen. Im Halbdunkel saß Potemkin auf seinem Bett, nägelkauend, in einem verschlissenen Schlafrock. Schuwalkin trat zum Schreibtisch, tauchte die Feder ein und, ohne ein Wort zu verlieren, schob er sie Potemkin in die Hand, den erstbesten Akt auf seine Knie. Nach einem abwesenden Blick auf den Eindringling, wie im Schlaf vollzog Potemkin die Unterschrift, dann eine zweite; weiter die sämtlichen. Als die letzte geborgen war, verließ Schuwalkin ohne Umstände, wie er gekommen war, sein Dossier unterm Arm, das Gemach. Triumphierend die Akten schwenkend trat er in das Vorzimmer. Ihm entgegen stürzten die Staatsräte, rissen die Papiere aus seinen Händen. Atemlos beugten sie sich darüber. Niemand sagte ein Wort; die Gruppe erstarrte. Wieder trat Schuwalkin näher, wieder erkundigte er sich eilfertig nach dem Grund der Bestürzung der Herren. Da fiel auch sein Blick auf die Unterschrift, Ein Akt wie der andere war unterfertigt: Schuwalkin, Schuwalkin, Schuwalkin …

Benjamin führt hierzu weiter aus: »Diese Geschichte ist wie ein Herold, der dem Werke Kafkas zweihundert Jahre vorausstürmt. Die Rätselfrage, die sich in ihr wölkt, ist Kafkas. Die Welt der Kanzleien und Registraturen, der muffigen verwohnten dunklen Zimmer ist Kafkas Welt. Der eilfertige Schuwalkin, der alles so leicht nimmt und zuletzt mit leeren Händen da steht, ist Kafkas K. Potemkin aber, der halb schlafend und verwahrlost, in einem abgelegenen Raum, zu dem der Zugang untersagt ist, dahindämmert, ist ein Ahn jener Gewalthaber, die bei Kafka als Richter in den Dachböden, als Sekretäre im Schloß hausen, und die, so hoch sie stehen mögen, immer Gesunkene oder vielmehr Versinkende sind, dafür aber noch in den Untersten und in den Verkommensten – den Türhütern und den altersschwachen Beamten – auf einmal unvermittelt in ihrer ganzen Machtfülle auftauchen können« (Benjamin 1981 [1934]: 9–10).

Eine Zone des Schweigens

Auch im legislativen Verfahrensablauf liegt die Kanzlei ›vor dem Gesetz‹: »Die Schrift, die vor dem Gesetz steht, ist kanzleitechnisch betrachtet die Vorschrift, das Konzept oder Praescript. Kanzleien sind für die ›Ausfertigung der Schrift‹ zuständig und auch auf dieser Ebene sind *cancelli* am Werk« (Vismann 2000: 43). Denn um die Schrift auszufertigen, muss die Vorschrift ausgestrichen werden: »Die Annullierung der Vorschrift ist für den Produktionsprozess der Kanzlei unerlässlich. Konzepte müssen, nachdem sie abgeschrieben sind, durchgestrichen werden, damit die Reinschrift zum unverwechselbaren Original werden kann. Auf den Akt des Kopierens folgt daher der Akt des Cancellierens, der so heißt wegen der »gitterartigen Form des Durchstreichens« (Vismann 2000: 44). »Die kreuzweisen Striche oder Schranken sperren den Entwurf vor weiteren Abschriften. Das Gitter über der Schrift [...] beendet das Stimmengewirr aus Diktat und Verlesung, das in der Kanzlei herrscht und entlässt die ausgefertigte Reinschrift, das geschriebene Gesetz, in eine ›Zone des Schweigens‹« (ebenda). Der Kanzlist ist also auch ein Türsteher der Schrift, verantwortlich dafür, was aus der Vorschrift in das Gesetz hineingeschrieben und was aus ihr rausgestrichen wird, cancelliert werden muss. Aber in der Personenkette vom Gesetzgeber über den Gesetzeshüter zum Gesetzesadressaten werden mit den Textpassagen – mit einem Federstrich – womöglich auch Personen aus dem Gesetz gestrichen. In Anspielung auf diese Wortbedeutung des cancellierens, die mit der Kanzlei ebenfalls aufgerufen ist, schreibt Kafka: »Willst Du denn den Prozess verlieren? Weißt du, was das bedeutet? Das bedeutet, dass du einfach gestrichen wirst« (Kafka 2006 [1925]: 90). Gestrichen werden – Federstrich und Rutenstreich. Alle Gesetzeshierarchien können nicht verdecken, dass die Gewalt immer schon *in der Schrift* ist (woran sowohl die Strafkolonieerzählung wie das Prüglerkapitel des *Proceß*-Romans erinnern).

Das Gitter über dem Text beendet das Stimmengewirr aus Diktat und Verlesung. »Die im Gesetz liegende Entscheidung ist, normativ betrachtet, aus einem Nichts geboren. Sie wird begriffsnotwendig ›diktiert‹« (Schmitt 2015 [1921]: 22; Twellmann 2004). Der Staat ist bei Schmitt in seiner Letztkonsequenz immer diktatorisch. Seine Aufgabe ist »die Rechtsverwirklichung, also die Diktatur«, wie es bei ihm in aller wünschenswerten Knappheit heißt (Schmitt 2015 [1921]: XX). Im »Kanzleisprachgebrauch«, so Schmitt, war der Diktator ein Kanzleibeamter: »Das Mitglied der Kanzlei, dem die Abfassung der Schreiben übertragen war, hieß Diktator« (Schmitt 2015 [1921]: 4, Fn. 5). Zur ›wunderbaren Dialektik des Wortes Diktatur‹[15] gehört diese Umbesetzung, dass nun als souverän derjenige gelten kann, dem diktiert wird, und nicht der, der diktiert. 25 Jahre später kommt Schmitt auf dieses Argument zurück: »Oboedentia fecit hinc Imperantem. Der Imparans ist nur ein Vollstrecker, der Diktator diktierte nur ihm gegebene Dicta. Überlegenheit der sogenannten Ideologen. Dialektik des Befehlens und des Gehorchens, unendlich feiner noch als in Hegels berühmter Stelle vom Herrn und dem Knecht, weil auf Sprechen und auf Hören abgestellt« (Schmitt 2015 [1991]: 75). Diktieren oder schweigen, befehlen oder hören: der Diktator, der befiehlt, hört Stimmen, ist diesen Stimmen hörig, Knecht seiner Vorstellungen, diktiert gegebene Dicta. Insofern ist auch das gesetzte Gesetz immer Diktat, Befehl.

Die Diktatur im Namen der Demokratie – dass man eine Sache richtig auffassen und zugleich missverstehen kann, war ja gerade das, was Schmitt etwa an Bakunin faszinierte, der als »Theologe des Anti-Theologischen« und »Diktator einer Anti-Diktatur« (Schmitt 2004 [1922]: 59; Twellmann 2004: 149) das Wissen zu teilen schien, dass das Prinzip einer Sache und die Mittel seiner Durchsetzung zwei ganz unterschiedliche und manchmal eben auch gegensätzliche Dinge waren. Dabei negiert, missversteht die Diktatur ja gerade diejenige Norm, »deren Herrschaft durch die Diktatur in der geschichtlich-politischen Wirklichkeit gesichert werden soll« (Schmitt 2015 [1921]: XVII).

Die zeitgemäße politische Figur dieser Sicherung ist der Politkommissar, dessen Titel aber den Übergang von der kommissarischen zur souveränen Diktatur verdeckt. Für ihn gibt es eine theologische Vorgängerfigur, die päpstlichen Legaten, Spezialbevollmächtigte als Kommissare im Namen der *plenitudo potestatis* des Papstes. Der entscheidende Unterschied liegt für Schmitt hier aber gerade darin, dass die modernen Kommissare im Gegensatz zu denen der katholischen Kirche nicht im Namen einer »wohlkonstituierten«, sondern im Namen eines erst »durch die Revolution selbst sich konstituierenden« Organs handeln (Schmitt 2015 [1921]: 42), nämlich in dem des Volkes: Der neuzeitliche Diktator ist daher auch Kommissar, »aber infolge der Eigenart der nicht konstituierten, aber konstituierenden Gewalt des Volkes ein unmittelbarer Volkskommissar, ein

Diktator, der auch seinem Auftraggeber diktiert, ohne aufzuhören, sich an ihm zu legitimieren« (Schmitt 2015 [1921]: XIX). Dass die Volkskommissare der französischen Revolution mit ihren umfassenden Handlungsvollmachten sich aus den gewählten Repräsentanten des Nationalkonvents rekrutieren (›pris au sein de l'Assemblée‹), ist für Schmitt das sinnfällige Beispiel für diesen Zusammenhang einer Diktatur der Repräsentanten über diejenigen, die sie eigentlich zu repräsentieren haben (vgl. zu dieser Praxis Schmitt 2015 [1921]: 153 und 155–156; Kelly 2016).

Neben der offensichtlichen Referenz auf Sièyes Unterscheidung nach *constitué* und *constituant*[16] ist dies bei Schmitt, dessen Darstellung der römischen Diktatur sich an Mommsens *Römische Rechtsgeschichte* orientiert, vielleicht auch ein Echo auf dessen Satz, die Diktaturen von Sulla und Caesar seien gekennzeichnet gewesen durch ihre ›außerordentliche constituierende Gewalten‹ (Kelly 2016; Lundgreen 2009; Nippel 2004). Ist er ein *dictator legibus scribendi*, diktiert er sich das selbstverfasste, selbst geschriebene Gesetz, ist er souveräner, nicht kommissarischer Diktator, der seinen Auftrag (auch die Dauer seines Auftrags) selbst definieren kann. Die »*dictatura rei publicae constituendae causa*« (Nolte 1972: 920) ist dann bereits geschichtlich die vollständige Verwirklichung von Schmitts Vision der modernen souveränen Diktatur.[17]

Der in der Moderne vollzogene Abstieg aus absoluter Transzendenz in völlige Immanenz bringt einen entscheidenden politischen Mehrwert: der, dem diktiert wird, bestimmt darüber, wer ihm diktiert – oder kreiert eigentlich erst die Stimme des Diktats. Das Volk hat gesprochen, aber was hat es gesagt? Quis interpretabit? »Insbesondere kann die politische Macht den Willen des Volkes, aus dem sie hervorgehen soll, selber erst bilden.« Das aber zeige, so Schmitt, »dass Diktatur nicht der Gegensatz zu Demokratie ist« (Schmitt 1923b: 17). Sie ist der »Gegensatz nicht zu Demokratie, sondern zu Diskussion« (Schmitt 2004 [1922]: 67).[18]

Eine kakophone Öffentlichkeit führt zum Wunsch nach Stille. Das Diktat beendet das Stimmengewirr, es entlässt das Gesetz in eine Zone des Schweigens. Will man dem »allgemeinen Reden ein Ende [...] machen«, hat man sich zu entscheiden: »Diktieren oder schweigen« (Schmitt 2014 [1921–1924]: 419). Schmitt stimmt Heideggers Bemerkung, Schweigen sei eine Wesensform der Rede, emphatisch zu. Die Diktatur ist eigentlich nichts anderes als eine »Organisation des Schweigens« (Schmitt 2014 [1921–1924]: 453). In ihr schweigen zuweilen auch die Gesetze selber (Anzinger 2007: 121–124): Der Diktator ist der »chef suprême qui fasse taire toutes les lois« (Rousseau).[19]

Schmitt wie Kafka, zwei Kanzlisten, leitet dasselbe Interesse,[20] sie verfolgen die gleiche Frageperspektive: Beide gehen davon aus (darin mit Foucault übereinstimmend), dass das Problem des Rechts *gerade nicht* dadurch gelöst werden könnte, »das Absolute des Rechts in der Flüchtigkeit der Geschichte wiederzufinden« (Foucault 2001: 74). Beide arbeiten an der Archäologie eines Wissens von der Autorität, das »gegen das Wissen der Kanzlisten« (ebenda) geltend gemacht werden soll. Beide, Kafka wie Schmitt, schreiben an einer anderen Geschichte des Rechts, die beabsichtigt, »in das Außen des Rechts, hinter das Recht, in die Zwischenräume des Rechts vorzustoßen« (Foucault 2001: 160): mit Kanzlisten gegen Kanzlisten denken. Sie schreiben in einem Schwellenbewusstsein, erinnern das Gesetz, das gegenüber »seiner eigenen Geschichte unduldsam ist« (Derrida 2017: 46), an genau diese seine eigene Geschichte. Insbesondere teilen sie das Wissen von den »an ihrem letzten Ende angelangten religiösen Formen« (Kafka, zitiert nach Neumann 2017: 77) und fragen, was dieses Ende für Folgen für das Gesetz hat.[21] »Die Auseinandersetzung um diesen ›Ort‹ vor, nach, über dem Gesetz oder jenseits des Gesetzes bestimmt die eigentliche Theologie dieser politischen Theologien« (Schmidt 2009: 23; vgl. Kapitel 2).

Denn was das anbetrifft, so hat die Kanzlei die Kanzel verdrängt. Im Domkapitel des *Proceß*-Romans wird die Türhüterlegende erzählt, nachdem der Geistliche von der Kanzel hinabgestiegen ist. Kafka verwendet einiges Detail auf die Beschreibung der zwei Kanzeln des Doms – und das liest sich wie ein feiner jüdischer Witz über die durch die Reformation provozierte Kirchenspaltung: »Als er in das Hauptschiff trat [...] bemerkte er an einer Säule fast angrenzend an die Bänke des Altarchors eine kleine Nebenkanzel, ganz einfach aus kahlem bleichem Stein [...] es war unverständlich, wozu man diese Kanzel benötigte, da man doch die andere, große und so kunstvoll geschmückte zur Verfügung hatte« (Kafka 2006 [1925]: 190–191). Diese Spaltung spielt natürlich ihre ganz eigene Rolle in dem historischen Verdrängungsprozess zwischen Kanzel und Kanzlei.

Beide gehen auf denselben Wortstamm zurück. Die cancelli trennen nicht nur das Gericht vom Publikum, sondern auch den Altarraum vom Profanraum: »kanzel, von lat. cancelli, gitter, schranken, nach der ursprünglichen einfachen einrichtung des standes für den prediger. altfranz. chancel, chanceau ist ein vergitterter ort im chor, engl. chancel altarplatz und chor« (Grimm/Grimm, *Deutsches Wörterbuch*). Kafkas präzise Verortung der Kanzel, ›fast angrenzend an die Bänke des Altarchors‹, legt nahe, dass er von dieser Wortbedeutung Kenntnis hatte. »Der Platz des Predigers [...] war zunächst ›in der Nähe der Cancellen‹, bis sich im 13. Jahrhundert aus den Altarabsperrungen die Kanzel, cancellus, entwickelte« (Vismann 2000: 37). Kanzel – Kanzlei: Wen wundert es da noch, dass ›alle prägnanten Begriffe der modernen Staatslehre säkularisierte theologische Begriffe sind‹, wen überrascht die »wunderbare Ähnlichkeit von Theologie und Jurisprudenz« (Leibniz, zitiert nach Adam 1992: 3), die sich auch an der Analogie von Wunder und Ausnahmezustand erweisen soll (vgl. unten, Kapitel 2)?

Aber die Kanzel kann in einer Erörterung des Rechts nur noch Reminiszenz sein. Der Dom ist leer, er wird sowieso nur noch aus touristischem Interesse aufgesucht, es ist völlig unklar, wen eine Predigt überhaupt noch adressieren könnte: »Aber konnte denn wirklich gepredigt werden? Konnte K. allein die Gemeinde darstellen?« Das Licht der Kirche ist verloschen (›gerade jetzt begann der Kirchendiener die Kerzen auf dem Hauptaltar eine nach der anderen auszulöschen‹),[22] die Überlieferung ist abgeschnitten. Recht wird zur bloßen Legalität, »sobald ein politisches Gemeinwesen sich von der Kirche entfernt« (Schmitt 1958 [1950]: 477). Der Geistliche, der die dunkle Legende erzählt und sie anschließend mit seinen »infiniten Interpretationen« (Fögen 2007: 81), mit seiner »nichtendenwollenden Reihe von Erwägungen« (Benjamin 1981 [1934]) immer nur noch weiter verdunkelt, entpuppt sich schließlich als Gefängniskaplan, ist also auch nur ein ›Teil des Gerichts‹.[23] Er personifiziert das komplementär zum unaufhaltsamen Aufstieg des Kanzlisten nach unten durchgereichte Amt. Vom Oben der Kanzel, dort Verkünder des ewigen Gesetzes, ist der Geistliche in der unendlichen Hierarchie konkreter Menschen, die das Recht ausmacht, abgestiegen und jetzt nur noch als Anhängsel der weltlichen Gewalten ganz am Ende dieser Hierarchie stehend – gleich neben dem huissier, auf den Schmitt verweist, dem Gerichtsvollzieher oder Vollstreckungsbeamten, dem huissier de justice, der ja aber auch nur ein Türsteher des Rechts ist (von huis, aus ustium oder ostium: Tür).[24] Wenn das Urteil gesprochen und vollstreckt worden ist, bleibt der Gefängniskaplan zuständig für die seelsorgerische Betreuung derjenigen, die man ›hinter Gitter‹ gebracht hat. Denn cancer, Gitter, Schranke, »dissimiliert aus carcer« (Walde/Hoffmann, *Lateinisch etymologisches Wörterbuch*) – so dass schließlich die Nähe von cancellarius und carcerarius, die Nähe des Amts des Kanzlisten und das des Kerkermeisters, die von Gesetz und Gewalt, sich nicht mehr leugnen lässt.

Den Zusammenhang aus Gewalt und Gesetz, den Schmitt aktiv suchte, als er sich in den 1930er Jahren in den Vorhof der Macht begab, hat ihn schließlich selber vor das Gesetz gestellt. In der kleinen Schrift über den »Zugang zum Machthaber«, im Jahr 1947 verfasst in Nürnberger Zeugenhaft in Antwort auf die Frage des Anklägers Robert Kempner nach der Stellung des Reichsministers und Chefs der Reichskanzlei, führt Schmitt aus: »Je höher nun Hitler stieg und mit ihm jeder, der zu ihm Zugang hatte oder mit ihm in persönlicher Berührung stand, um so mehr sanken die Reichsminister [...] zu bloßen Verwaltungsbeamten herab. Das Reichskabinett ist seit 1937 nicht mehr zusammengetreten. Zwischen den Spitzen der politischen Macht und den absinkenden höchsten Stellen entstand ein leerer Raum, der durch neue ›überministerielle‹ Gebilde ausgefüllt werden mußte [...]. Das konnten praktisch keine Behörden im Sinne einer rational und sachlich durchdachten Kompetenz, sondern nur höchstpersönliche Stäbe sein, gleichgültig, unter welcher Benennung sie geführt wurden. Als übliche und in gewissem Sinne typische Benennung bildete sich ›Kanzlei‹ aus« (Schmitt 1958 [1947]: 432). Wer war deren Türsteher? Es war der RMChdRK – der Reichsminister Chef der Reichskanzlei.

Hinter dem Gesetz

> »Es wurde ihnen die Wahl gestellt Könige oder der Könige Kuriere zu werden. Nach Art der Kinder wollten alle Kuriere sein. Deshalb gibt es lauter Kuriere, sie jagen durch die Welt und rufen da es keine Könige gibt, einander selbst die sinnlos gewordenen Meldungen zu. Gerne würden sie ihrem elenden Leben ein Ende machen, aber sie wagen es nicht wegen des Diensteides.« (Kafka, 2. Dezember 1917, Octavheft G)[25]

»Vor dem Gesetz«, das ist der Titel der Erzählung: »Hier taucht der Ausdruck ›*Vor dem Gesetz*‹ ein erstes Mal, oder wenn Sie es vorziehen, ein zweites Mal als Incipit der Erzählung auf. ›*Vor dem Gesetz steht ein Türhüter*‹ ist ihr erster

Satz« (Derrida 2017: 38). Vor dem Gesetz stehen einleitende Schriften in das Gesetz, und zu ihnen gehört eine Erzählung mit dem Titel »Vor dem Gesetz«, die mit dem Satz »Vor dem Gesetz ...« beginnt.[26] Der Mann vom Lande möchte in das Gesetz eintreten, aber das Gesetz erscheint wie ein ewiger Aufschub, örtlich wie zeitlich – ein immer wieder formuliertes ›nicht jetzt‹, das immer die – trügerische? – Lesart zulässt, es könnte auch als ein ›*noch* nicht jetzt‹ gemeint gewesen sein. Der Mann, die Erzählung, sie verbleiben immer vor dem Gesetz. Ist also das Gesetz »ganz einfach ein Nichts, das unablässig den Zugang zu sich aufschiebt und *sich* so untersagt, um etwas oder jemand zu werden« (Derrida 2017: 66)? Der Aufschub und das Warten sind hier, bei Kafka, offensichtlich »theologische Kategorie(n)« (Benjamin 1981: 114). Sie sind es nicht minder bei Schmitt – aber in genauer Entgegensetzung, in der Verpflichtung auf die christlich eschatologische Zeit und Ablehnung jüdisch messianischer Zeit, in Polemik gegen Utopien und Fortschrittsglaube, gegen »die Etablierung des Wartezustandes«, gegen den »für unabsehbare Dauer eingerichteten, immer komfortabler werdenden Wartesaal« und seine Clubsessel (Schmitt 2015 [1991]: 28–29). Daher hat in dieser archetypischen Konstellation zwischen dem, der aufhält, und dem, der aufgehalten wird, Schmitt grundsätzlich immer mehr Interesse für das *qui tenet* entwickelt.

Die »Metapher vom Gesetzeshüter« bedeutet, »dass das Gesetz, wenn es denn gehütet wird, eine Tür besitzen muss« (Schmidt 2009: 11). Aber das »verräumlicht das Gesetz und markiert dadurch ein Problem: Als konkrete Institution und Setzung besitzt es immer schon einen bestimmten Raum der Gültigkeit und Anwendung, mit dem Grenzen gesetzt sind [...], die den Wirkungsraum des Gesetzes strukturieren und organisieren«. Recht ist Recht nur am rechten Ort. Die Vorstellung des Mannes vom Lande, dass das Gesetz doch für jeden und immer zugänglich sein sollte, ist die Forderung nach der »Aufhebung des spezifischen Raumes des

Gesetzes, das der Türhüter behütet und repräsentiert.« Der Mann vom Lande wird damit zum »Feind aller Machtordnung, die das Gesetz ›verräumlicht‹« (Schmidt 2009: 11).

»Der Satz, daß vor dem Gesetz alle Menschen gleich sind, hat die Richtigkeit eines analytischen Urteils, so daß umgekehrt, ein Gesetz definiert werden kann als das, wovor eine Gleichheit besteht« (Schmitt 2005 [1917]: 447). Der Rechtsraum ist dann die Antwort auf die Frage, in Bezug auf was eine Gleichheit hergestellt wird – das Universelle ist universal in Hinblick auf etwas Partikulares: The universal law binds a particular people. Im modernen Völkerrecht aber wird es, wie wir sehen werden (siehe unten, Kapitel 3), zu einer Frage der Souveränität, der Rechts- und Raumeroberung, ob im Namen des sogenannten Universalismus oder der Gleichbehandlung die Verräumlichung des Rechts durchbrochen werden kann. Wer regelt die Zugänglichkeit des Raums? Wer ist in der tatsächlichen Lage, diese Tür zu schließen oder aber zu öffnen – notfalls gewaltsam? Eben diese Gewalt ist als ›open door policy‹ in die Geschichte des Völkerrechts eingegangen (vgl. Grewe 1984).

Bei Kafka ist der Türhüter eine ganz andere katechon-Gestalt, mit Aussicht auf unendlich weitere: Denn der »letzte der Wächter ist der erste, den der Mann vom Land sieht. Der erste in der Ordnung der Erzählung ist der letzte in der Ordnung des Gesetzes und in der Hierarchie seiner Vertreter« (Derrida 2017: 58). Wir bekommen nicht das Gesetz zu sehen, sondern immer nur Mittlergestalten, Türsteher, huissiers, Vollstreckungsbeamte, die unendliche Hierarchie des Rechts. Sie bilden eine komplexe Kette der Zwischenglieder, eine unerschöpfliche Quelle der Übertragungsfehler, des Signalverlusts, des Rauschens oder Pfeifens in der Leitung: die indirekten Gewalten und die intermediären Gestalten.[27] Und diese bewegen sich in Vorräumen, Korridoren, Antichambres, Hintertreppen, Wartezimmern, über Stiegen und durch Türen als dem begehbaren Psychogramm ihrer Zeit, »als ›untergeschoben[e]‹

Räume« (Benjamin 1981: 114). Diese Botenfiguren, Signalgänger und Verkünder sind immer nur auf *Zugängen zu* und *Wegen von* unterwegs, auf Übergängen und Passagen. Sie kommen aber nie an; oder haben, sollten sie doch ankommen, ihre Botschaft vergessen; oder können, sollten sie ihre Botschaft entgegen jeder Erwartung doch nicht vergessen haben, diese nicht übermitteln. Der Überlieferungszusammenhang ist unrettbar zerrissen.

Zwischen der Norm und der Wirklichkeit bleibt eine ›unübersteigliche‹ Kluft, es bleibt ein »Hiatus zwischen Recht und Rechtsordnung« (Scholz 1983 [1978]: 163), egal, wie lang die Kette der Zwischenglieder gemacht wird. Die Vermittlergestalten gleichen den Kurieren, die »durch die Welt (jagen)« und, »da es keine Könige gibt, einander selbst die sinnlos gewordenen Meldungen zu(rufen)« (vgl. Zanetti 2010), zu ihrer völlig absurden Tätigkeit nur noch durch ihren »Diensteid« angehalten – was man als ironischen Kommentar zu einer Hoffnung auf ›Legitimität durch Legalität‹ lesen darf: Kuriere ohne Könige, Boten ohne Botschaft, Engel ohne Gott.[28] Und selbst über diese erste/letzte Mittlergestalt, den Türhüter, gelangt Kafkas Geschichte nie hinaus: Vor dem Gesetz stehen einleitende Schriften, zu ihnen gehört ein Text mit dem Titel ›Vor dem Gesetz‹, der mit dem Satz ›Vor dem Gesetz‹ anhebt, und – bevor je der Mann vom Land in es eintreten konnte – mit dem Satz ›Ich gehe jetzt und schließe ihn‹ abschließt. Der Text selbst, wie das Gesetz, bleibt in sich geschlossen und erlaubt keinen weiteren Zugang. Die einleitenden Schriften in das Gesetz leiten niemals in das Gesetz ein.

Die Frage dessen, der vor dem Gesetz steht, lautet unweigerlich, wer wohl hinter dem Gesetz stehen mag. Das zu erfahren verlangt aber, das Gesetz, die Schranke des Gesetzes zu übertreten. Vor dem Gesetz stehen heißt eigentlich, vor dem Gericht zu stehen. Erst mit dem Urteil kann man in das Gesetz eintreten – es ist bei Kafka exakt wie bei Schmitt: das Gesetz liegt nicht vor dem Urteil, sondern tritt erst mit dem

Urteil in die Welt. Das Gesetz macht ein paradoxes Angebot: ›versuche es doch trotz meines Verbots …‹ Es sagt: willst Du mich kennenlernen, so musst Du mich überschreiten. Das Gesetz kann sich nur Achtung gelegentlich seiner Missachtung verschaffen. Das Recht braucht das Unrecht: *sine crimine, nulla lex* – das ist die »mythische Zweideutigkeit der Gesetze, die nicht ›übertreten‹ werden dürfen« (Benjamin 1965 [1921]: 198). Das Recht muss die Schuld supponieren: »Jemand mußte Josef K. verleumdet haben«. Kafka, Schmitt und Benjamin stimmen in der Einsicht überein: Es sind die Ordnungen selber, »welche dieses Heraustreten, diesen Abfall zu veranlassen und herbeizuführen scheinen« (Benjamin 1965 [1921]: 199; Hermann Cohen, Ethik des reinen Willens [1907] zitierend), so dass mit dem Recht überhaupt erst beides ermöglicht wird, ›zu ordnen und aus der Ordnung herauszutreten‹.[29] *Der Proceß* handelt von der Abhängigkeit des Rechts von der Schuld, so dass schließlich der Abfall vom Recht immer schon feststehen muss. Aber die fundamentale Provokation des *Proceß*-Romans liegt darin, sich einer Ausgangskonstellation, die von dem stärksten Wunsch nach Ordnung getrieben wird, zu verweigern mit der Frage: Wie soll man sich das Gesetz, das nicht überschritten wurde und nicht überschritten wird, vorstellen? Es ist die Provokation eines Kriminalromans ohne Fall, der sich damit nicht nur der Sehnsucht nach der Heilung einer imaginierten Ordnungsverletzung verweigert, sondern – viel schlimmer – diese Ordnung unterminiert, in dem er ihr die in einem Vergehen liegende Begründung verweigert: *sine crimine* – ›ohne dass er etwas Unrechtes getan hätte‹ (vgl. Boltanski 2015). Es liegt gar kein Vergehen vor, aber das Gesetz soll trotzdem herrschen, so dass schließlich die Schuld unterstellt werden muss, damit Ordnung herrschen kann: Die überlebende Scham wird dadurch zur Gelingensbedingung der Ordnung. Bei Schmitt gilt ein Gesetz, auch wenn es suspendiert worden ist, und genaugenommen vermag überhaupt nur seine Suspension letztlich das Rätsel seiner Geltung zu erklären – es ist die Ordnung selber, die das Heraustreten aus ihr veranlasst, und die Unmöglichkeit des Wiedereintritts: Urteil und Verwandlung. In diesen Situationen der Ausnahme wird überhaupt erst die Ordnung offenkundig, die die Norm benötigt.

Die geheime Tür

Die in der Moderne ubiquitär werdenden »Verdachtsmomente in Bezug auf Machtausübung« (Boltanski 2015: 15): »Wo befindet sich die Macht wirklich, und wer hat sie in Wahrheit [en réalité] inne?«, finden bei Schmitt wie Kafka so komplizierte wie subversive Auflösungen, die doch beide Mal auf das einfachste Bild dieses Verdachts, eine Tür, hinter der etwas steckt, rekurrieren. Schmitt, in seinen Stilisierungen als Verfolgter unter generösem Absehen von seiner Rolle als Verfolger, sieht sich schon für das Vergehen bestraft, überhaupt auf die Tür verwiesen zu haben: »J'ai montré la porte secrète de ce sanctuaire écarté où se jugent les perplexités de la justice et tous les problèmes, pour lesquels Thémis n'a pas de balance: car si on les montre, l'avide intérêt et tous les sophismes des passions forcent bientôt la porte et violent la conscience dans son dernier asile.« (Schmitt 2015 [1991]: 130), aber das ist eine unglaublich larmoyante Position.

Tür und Türhüter – auf diese basale Weise »bauen sich politische Ontologien auf, denen eine geteilte Realität Halt gibt: Einer vordergründing sichtbaren, aber trotz ihres offiziellen Status trügerischen Oberfläche steht eine tiefe, verdeckte, bedrohliche, inoffizielle, aber sehr viel realere Realität gegenüber.« Boltanskis These, es handele sich hier um eine »politische Metaphysik [...], die sich nicht notwendig in die kanonischen Formen der politischen Philosophie eingeschrieben, das vorige Jahrhundert aber trotzdem geprägt« hat (Boltanski 2015: 19), wird man mit Blick auf Schmitt Politische Theorie einschränken müssen, denn sie – mit ihren bis heute prägenden Setzungen – ist nichts anderes als Resultat einer Untersuchung, die von der Frage angeleitet ist, was denn wohl hinter dem Gesetz stehen mag.

Wer oder was steht dort nun aber? Offensichtlich die Macht – und damit die Gewalt (oder in einem anderen Sprachspiel: die Revolution, vgl. Fögen 2007): »Sicherlich gibt es Gesetze, die nicht angewendet werden, es gibt aber kein Gesetz ohne Anwendbarkeit und keine Anwendbarkeit ohne Gewalt« (Derrida 1991 [1990]: 12).[30] Die Macht braucht also das Recht. Umgekehrt braucht aber das Recht auch die Macht, sonst wäre es gegenüber dem Unrecht machtlos: »Man muss also Gerechtigkeit und Kraft zusammenstellen, damit was gerecht und angemessen auch stark und kräftig, was stark und kräftig auch gerecht und angemessen ist« (Pascal, *Pensées et opuscules*, zitiert nach Derrida 1991 [1990]: 22–23). Bei Benjamin findet sich etwa zur gleichen Zeit eine Unterscheidung, die mit Schmitts nach souveräner oder kommissarischer Diktatur übereinstimmt: »Alle Gewalt ist als Mittel entweder rechtsetzend oder rechtserhaltend. Wenn sie auf keines dieser Prädikate Anspruch erhebt, so verzichtet sie damit auf jede Geltung« (Benjamin 1965 [1921]: 190). Das Gesetz wird gehütet von Türhütern, von Saal zu Saal einer mächtiger als der vorherige. Wer also das Gesetz sucht, trifft auf die Macht, aber nicht auf die blanke Macht, sondern auf die, die sich im Gesetz zeigt, die sich dem Recht unterwirft, weil sie sonst – ›auf jede Geltung verzichtend‹ – doch nur reine Tyrannei wäre.

Kafkas Halbsatz vom ›langen, dünnen, schwarzen tartarischen *Bart*‹ des Türhüters verweist auf eine mögliche Vorlage der Legende: In Ignatius Mouradgea d'Ohssons *Tableau Géneral de L'Empire Ottoman* (Mouradgea d'Ohsson 1824; Findley 2019) ist der Serail jener ›unheilvolle Ort‹, an dem Macht und Recht noch ganz in eins fallen. Wer in den ottomanischen Palast tritt, tritt in den Bereich der Macht, die das Recht selbst ist. Der Zugang zum Innersten führt von Hof zu Hof. Man tritt durch ein von Wachen geschütztes Tor von außen in den ersten Hof – will man dann in den zweiten, so muss man eine Galerie von etwa fünfzehn Fuß Länge durchqueren: »Pour entrer dans la seconde cour, on traverse une galerie d'environ quinze pieds de longueur, fermée à ses extrémités par deux portes, dont l'extérieure est appelée *porte intermédiaire* (orta-capou). Cette galerie est connue sous le nom d'*intervalle entre le deux portes* (iki capou arassi).« Das ist das Intervall ›zwischen den zwei Toren‹, das man zu durchschreiten hat. Die Wände der Galerie hängen voller Waffen und Trophäen: »Les murs en sont revêtus d'anciennes armes et armures, trophées de la valeur othomane dans différentes guerres.« (Mouradgea d'Ohsson 1824: 4)

Hier nun, an diesem unheilvollen Ort, können Recht und Macht ganz unmittelbar und ganz plötzlich zusammen auftreten: »C'est une lieu funeste pour les seigneurs disgraciés: invités au sérail sous quelque prétexte, ils sont arrêtés dans ce passage, et y reçoivent l'arrêt dont ils ont été frappés; s'il les condamne à la mort, l'exécution a lieu sur la place même. Au-dessus de la galerie s'élève un bâtiment, où sont logés les huissiers du palais« (Mouradgea d'Ohsson 1824: 4). Es kann also dem Eintretenden unvermittelt passieren, dass er plötzlich gewärtigen muss, nur unter einem Vorwand zu Hof geladen worden zu sein, *invité sous quelque prétexte*; ganz überraschend (›ohne daß er etwas Böses getan hätte‹) wird nun Anklage und Urteil zugleich präsentiert und gegebenenfalls, im Falle des Todesurteils, auf der Stelle vollzogen (*l'exécution a lieu sur la place même*; ebenda). Wobei der Vorwand hier ein prétexte ist, eine Vor-Schrift, die vor dem Gesetz steht, um es zu verdecken, über seine plötzliche Anwendung zu täuschen.

Über der Galerie, so wird uns schließlich noch mitgeteilt, befinden sich die Wohnungen der Türhüter, der huissiers. Sollte man allerdings unbehelligt passieren, wird keine Anklage und kein Urteil präsentiert, gelangt man an eine

Abb. 2: Tzaouch [chavush], ou huissier du capitan pacha (https://picryl.om/media/tzaouch-chavush-ou-huissier-du-capitan-pacha-59-34f837).

dritte Tür, die Tür der Glückseligkeit, durch die man in das Innere des Sultanpalasts eintritt, in den engeren Kreis der Macht: »Une troisieme porte, qui a reçu le nom de *porte de félicité* (bab-us-séadet), placée en face des deux précédentes, conduit dans la partie intérieure du palais, habitée par le Sultan, par les membres de sa famille, par les dames de son *harem*, ainsi que par les officiers de sa maison, ses pages, et les deux compagnies d'eunuques noirs et blancs.« (Mouradgea d'Ohsson 1824: 5) Und der Text versieht uns noch mit der Zusatzinformation, dass die Türhüter dieses dritten, in das Innere des Palasts führenden Tors, im Gegensatz zu den Türhütern des Außenbereichs, des ersten und zweiten Hofes, keine Bärte tragen dürfen.[31]

Das Tor zur Transzendenz

Erstes, zweites, drittes Tor, Tor der Glückseligkeit, eine Abfolge von Wächtern, die von außen in das Innerste führen, einer mächtiger als der andere, so dass man schon den Anblick des dritten nicht mehr ertragen kann: Weil, wie in jeder guten politischen Theologie, das Irdische immer auf das Himmlische verweist, und umgekehrt, das Himmlische auf das Irdische, dürfen wir uns als Komplement zur Hierarchie des Gesetzes auch die Hierarchie der Engel vorstellen. Engel, Erzengel, Cherubim und Seraphim als »Abstufungen neuer, sich zunehmend steigernder Konkretionen« himmlischer Hierarchien, »die erst in den Seraphim, wie sie der Prophet geschaut hat, ihren letzten gestalthaften Ausdruck« finden (Peterson 1994 [1935a]: 208–209). An diesen Himmelshierarchien hat aber die irdische Kirche Anteil: »wenn die Kirche das irdische Jerusalem und seinen Tempel verlassen hat und sich auf der Wanderschaft nach dem himmlischen Jerusalem und seinem Tempel befindet, dann tritt sie notwendigerweise auch mit den Bewohnern der Himmelsstadt und das sind, wie wir aus dem Hebräerbrief gehört haben, Engel, Himmelsbürger und vollendete Gerechte, in eine durch den Kult vermittelte Beziehung«, so 1935 Peterson in seinem *Buch von den Engeln*.

Die Engel sind daher der Ausdruck eines »Ordnungsbegriffs einer himmlischen Hierarchie, in den der Kult der Kirche einmündet« (Peterson 1994 [1935a]: 214), der aber genau deswegen auch die kirchlichen mit den himmlischen Hierarchien verbindet, die eine in die andere hinein verlängert, so dass sich die Hierarchie der Engel fortsetzt in die »ununterbrochene Kette der Nachfolge im Priester-, Lehr- und Hirtenamt« der Kirche. Das ist die Sichtbarkeit der Kirche, die zugleich – so heißt es bei Schmitt in unmissverständlicher Abgrenzung zu Rudolph Sohm und seinem Kirchenrecht (Sohm 1970 [1923, 2. Aufl., zuerst 1892]) – »juridische Kontinuität« ist (Schmitt 2005 [1917]: 450). Die Kirche ruft Himmels- und Erdenbürger mit ihren spezifischen Bürgerrechten in einer Art Ratsversammlung der Gläubigen zusammen, die Ekklesia, so Peterson später, ist »eine auf Erden durch Gott einberufene Vollversammlung der zur Himmelsstadt gehörenden Bürgerschaft« (Peterson 2006 [1924/25]: 29). Die Kirche sei daher notwendigerweise und von Anbeginn unmittelbar auch immer eine rechtliche Erscheinung gewesen, Teil der Ekklesia der himmlischen Polis mit eigener Öffentlichkeit, die ihr nicht verliehen ist, sondern ihr originär zukommt, »da sie einen Herren hat, der als ein himmlischer König auch eine himmlische ›Öffentlichkeit‹ besitzt« (Peterson 1994 [1935a]: 223). Denn die Kirche ist die »Vorbereitung auf die Himmelsstadt, und das nicht nur in einem privaten Raum der Innerlichkeit, sondern in einer Öffentlichkeit, in der der Glaube kultisch-rechtlich bezeugt und praktiziert werden soll« (Schmidt 2009: 109).

Für Schmitt wie für Peterson eröffnet sich aus der Menschwerdung Gottes eine »ganze Hierarchie der Mittelbarkeit [...], und ihr Grund ist mit dem Wort Gottes selbst gegeben. Auch die Konsolidierung dieser Relationen zu Rechtsbeziehungen, der Übergang in den festen Aggregatzustand, der das Religiöse im Kirchlichen erfährt, [...] die Einengung des Pneumatischen ins Juridische, folgt dem Rhythmus der Entstehung des Sichtbaren aus dem unsichtbaren Gott« (Schmitt 2005 [1917]: 451). Die englischen Botengestalten, »aus der Himmelsstadt kommend«, begleiten das Zusammentreten der Ekklesia und verleihen damit »der Kirche ihren Charakter als einer öffentlichen Größe

[…]. Von da aus ist es dann aber auch zu begreifen, daß, wenn die griechische Kirche von dem fürbittenden Gebet der Märtyrer spricht, sich für sie sofort ein Bild aus der politischen Sphäre einstellt. Die Märtyrer sind ›die Freunde‹ des Königs, die das Audienz-Recht haben und dem König alles sagen können [παρρησια]« (Peterson 1994 [1935a]: 223) – sie haben das Recht auf Immediatzugang, mit »Zugang zum Ohr« und einem »Korridor zur Seele« des himmlischen Machthabers.

In den endlosen Spiegelungen von Herrschaft und Heil, des irdischen im himmlischen Jerusalem und umgekehrt, werden später Petersons Engelsordnungen wiederum in Schmitts Erledigung der Legende von der Erledigung jeglicher politischer Theologie ironisiert und auf die historische Spezifität ihrer politischen Inspiration verwiesen: »Der persische Großkönig, der durch Statthalter, Veziere, Satrapen, Beamte und Boten regiert, hat allerdings eine metaphysische und politisch aufhellende Parallele an dem Gott, der nicht, wie der Gott stoischer Art, als eine das Weltall durchwaltende Kraft gedacht wird, sondern durch Untergötter, Engel und Boten regiert, aus einer höheren obersten Sphäre heraus, als eine *arche* (ein Prinzip), die eine Mehrheit oder Vielheit weiterer *archai* nicht ausschließt, vielmehr erfordert, weil das seiner unnahbar sakrosankten persönlichen Würde entspricht« (Schmitt 1984 [1970]: 54–55).

Als Ergebnis seines fünf Jahrzehnte umfassenden Nachdenkens über Recht und Rechtsgeltung führt uns Schmitt in der Ausgabe des *Der Begriff des Politischen* von 1963 (zusammen mit Hobbes) schließlich an das »Tor zur Transzendenz« (Schmitt 2018: 195). Über diesem Tor steht eine Wahrheit. Sie lautet: ›Jesus is the Christ‹. Das ist aber tatsächlich kein theologischer, sondern ein ›rechtlicher‹ Satz, weil er »den im öffentlichen Kult präsenten Gott« benennt. Die mit ihm benannte Wahrheit kann sich nämlich genauso wenig wie das Recht selbst vollziehen, »dazu bedarf es vollziehbarer Befehle« (Schmitt 2018: 193). Hobbes' eine zentrale Wahrheit führt also zur nächsten: *autoritas, non veritas, facit legem. Jesus is the Christ* ist aber auch ein historischer Satz. Denn über dem Tor könnte ja auch ebenso gut stehen: »Der Mensch ist gut; oder: Jedem nach seinen Leistungen« (Schmitt 2018: 197). Und Schmitt weiß nur zu gut, dass es eigentlich schon längst so ist.

Somit führt die nächste Wahrheit nur zur nächsten Frage: Was ist, wenn sich die Hierarchie des Himmels nicht mehr auf Erden fortsetzt? Was ist die Folge der Neutralisierung der himmlischen Macht im modernen Staat und schließlich in einem Zeitalter, das ›gottunfähig‹ geworden ist? Wie setzt sich der Mensch nun selbst in diese Kette ein (Schmidt 2014)?

II NEHMEN ~~GLAUBEN~~

Ich schreibe immer ein Buch gegen etwas

(Schmitt 2014 [1921–1924]: 473)

im Kampf um Rom,
siegt Rudolph Sohm

(Carl Schmitt, mündlich überliefert)

So kann sie (die katholische Kirche; PM) in dieser Welt sein, ohne von dieser Welt zu sein.

(Schmitt 2005 [1917]: 448)

So lebt das Charisma in und doch nicht von dieser Welt.

(Weber 1922: 833)

Die Kirche Christi ist zwar nicht von dieser Welt und ihrer Geschichte, aber sie ist in dieser Welt.

(Schmitt 1984 [1970]: 50)

Max Webers »charismatische Legitimität« oder auch »innerweltliche Askese« konnten wohl nur im Bereich des protestantischen Pfarrhauses konzipiert werden. Die Antithese der Fragen: »wie kann dies ich erhalten?« und »wo liegt der extreme Zustand?« wird mich noch lange festhalten.

(Brief an Hans Blumenberg, 31. März 1971)

In dieser Welt, aber nicht von dieser Welt

In seiner kurzen Schrift *Christus als Imperator*, basierend auf einem Vortrag von 1934,[32] fragt Erik Peterson nach den Gründen für den Kaiserkult des Augustus, der dann insbesondere in der Geheimen Offenbarung des Johannes in Form einer christlichen »Kampfsymbolik« auch zu einer »Parallelisierung Christi mit dem Imperator« geführt habe (Peterson 1994 [1936]: 88). Der römische Kaiserkult der augustinischen Zeit, den die christliche Imperator-Symbolik religiös wieder abbildet, ist nach Peterson eine Reaktion auf eine politische Krise des römischen Reichs, die insbesondere darin begründet gewesen sei, dass aufgrund seiner tatsächlichen Expansion die »Basis des Institutionellen im Imperium verlassen« wurde (Peterson 1994 [1936]: 89). Der »Übergang aus dem Staatlich-Institutionellen in die Dynamik der politischen Aktion« habe seinen Niederschlag im personalisierten Kult gefunden. Während zuvor die »Institutionen des Staates« auch dem »außerhalb Stehenden eine große Toleranz« gewährten, musste »der Kaiserkult notwendigerweise intolerant werden« – denn es entsprach der »politischen Logik eines heidnischen Staates«, denjenigen zum »Gegner der politisch-aktuellen Gewalt« zu erklären, der »das kaiserliche Bild nicht ehrt«. »Man wird gezwungen, bei der kaiserlichen Tyche, bei dem kaiserlichen Genius zu schwören, weil man im politischen Leben ihnen verfallen ist. An den Erfolg des Kaisers zu glauben, wird zu einer Pflicht der *devotio*, denn die Tyche des Kaisers verbürgt den Sieg. Niederlagen kann es nicht geben. Der *princeps* siegt immer.« (Peterson 1994 [1936]: 90) Usw. usf. Der Vortrag wurde nach dem 1. August gehalten, an dem nach dem Tod Hindenburgs Adolf Hitler Führer und Reichskanzler geworden war – ein Vorgang, dem etwa die Deutschen Christen begeistert akklamiert hatten. Der hochpolitische Gegenwartsbezug von Petersons Ausführungen, angesichts ihres nur dürftigen Ausmaßes an historischer Verschlüsselung, dürfte daher den meisten offensichtlich gewesen sein.

Nicht erst in der aufgewühlten Situation von 1934, sondern schon seit dem späten 19. Jahrhundert und dem beginnenden Zeitalter der Massendemokratie war das Verhältnis von Frühchristentum, römischem Cäsarismus und Ekklesiologie eine ideengeschichtliche Konstellation von höchster politischer Brisanz, auch wenn die Bezüge einer solchen Antikenreferenz nicht immer so durchsichtig oder den Autoren selbst immer so vollständig bewusst waren wie im Falle von Erik Peterson. Wer hier im Sinne einer politischen Ideengeschichte den zeitgenössischen Kontext der Debatten sowie das ›Nachleben der Antike‹ in ihnen erhellen wollte, müsste als zentrale Vermittlungsinstanzen einer solchen Rezeption nicht nur Mommsen und Droysen aufführen und die deutsche Altertumswissenschaft (Momigliano 1991 [1955]; Nippel 2008), sondern ebenso die protestantische Theologie und die universitäre Bibelphilologie, etwa Harnacks *Dogmengeschichte* oder Sohms *Kirchenrecht* (Sohm 1912, 1970 [1923, 2. Aufl., zuerst 1892]). Es war ja alles andere als zufällig, dass Weber die Inspiration für sein zentrales Konzept der charismatischen Herrschaft vor allem von Rudolph Sohms einflussreicher Studie zum Kirchenrecht bezogen hatte (Anter 2016, Kapitel III), wobei der dort entwickelte Begriff einer allein pneumatisch-charismatisch vergemeinschafteten Kirche des Ur-Christentums insbesondere auf die im Korintherbrief (1. Kor. 12.4) benannten Gnadengaben – die χαρίσματα – rekurrierte (Haley 1980).[33] Die Schnittmenge zwischen Sohm und Weber bildete allemal die Suche nach einem Vorbild, das die Realität von Macht und Einfluss aus sich selbst heraus erklärt.

Obwohl Sohms erster *Kirchenrecht*-Band das auslöste, was im Folgenden die Harnack-Sohm-Kontroverse genannt werden sollte als eine innerprotestantische Debatte über den rechtlichen Status der Frühkirche, hatte sich Schmitt mit der Sohm'schen Abhandlung schon sehr früh, im Zuge seiner Habilitationsschrift und deren rechtsphilosophischen, rechtstheoretischen Überlegungen auseinandergesetzt, sich aber auch mit ihrem erheblichen konfessionellen Provokationspotenzial beschäftigt, kreiste doch Sohms gesamte geschichtliche Darstellung um die Zentralthese, dass das Kirchenrecht, also der Katholizismus, als eine einzige, epochale Deformation des urchristlichen Pneumas anzusehen sei (vgl. Reischle 1895).[34] Wie zu zeigen sein wird, prägt die Sohm'sche Vorstellung dieses geschichtlichen Prozesses einer Veralltäglichung und juristischen Versachlichung (und somit Verfälschung) des Charismas Webers Verwendung des Konzepts nachhaltig. Schmitts *Politische Theologie*, ursprünglich in drei Kapiteln für die Erinnerungsgabe für Max Weber verfasst, zeigt sich vor diesem Hintergrund als ein verdeckt an den Fundamenten von Webers Soziologie angebrachter Sprengsatz, insbesondere an ihrem Charisma-Konzept als für Schmitt ›auffälligstem Beispiel neuester politischer Theologie‹ (siehe unten). Erik Petersons Schrift von 1935, *Der Monotheismus als politisches Problem* (1994 [1935]), in der er gegen jede Möglichkeit einer in diesem Sinne *christlichen* politischen Theologie argumentierte, begründet dann einen bis heute wirkmächtigen Rezeptionsstrang, der eine angeblich bei Carl Schmitt zu findende Politische Theologie kritisiert, ohne zu erkennen, dass es sich bei Schmitts Schrift um nichts anderes ist als eine fundamentale Kritik an Webers verkappter Politischer Theologie handelt.[35]

Die ›katholische Entartung christlichen Glaubens‹

In dem ersten Band der Geschichte des Kirchenrechts (im Folgenden KR), aber auch in der knapp zwanzig Jahre später erscheinenden kleinen Schrift *Wesen und Ursprung des Katholizismus* (Sohm 1912, im Folgenden WUK),[36] hatte

Sohm seine Hauptthesen in einer dichten Abfolge zugespitzter, nahezu apodiktischer Sätze formuliert. Zentraler Ausgangspunkt seiner Überlegungen ist die Unvereinbarkeit von Glauben und Recht: Die Welt »des Geistlichen kann nicht mit juristischen Begriffen erfasst werden. Noch mehr, ihr Wesen steht zu dem Wesen des Rechtes in Gegensatz. Das geistliche Wesen der Kirche schliesst jegliche kirchliche Rechtsordnung aus. In Widerspruch mit dem Wesen Kirche ist es zur Ausbildung von Kirchenrecht gekommen. Diese Thatsache beherrscht die Geschichte des Kirchenrechts von der ersten Zeit bis heute. Gerade diese Thatsache gilt es zur Klarheit zu bringen« (KR: X).[37]

Es gilt also nach Sohm diese fundamentale Unvereinbarkeit immer wieder zu betonen: »Das Kirchenrecht steht mit dem Wesen der Kirche in Widerspruch« (KR: 1). Oder: »Es ist undenkbar, daß das Reich Gottes menschliche (rechtliche) Verfassungsformen, daß der Leib Christi menschliche (rechtliche) Herrschaft an sich trage« (KR: 2). Die Ur-Kirche wurde alleine regiert durch Gottes »Verteilung der verschiedenen Gnadengaben (charismatische Organisation).« Die Herrschaft des Heils äußere sich »ausschließlich als ›Pneumokratie‹, nicht in der Form von Recht und Gesetz« (WUK: VIII). Oder noch weiter zugespitzt: »Kirchenrecht [war] im Urchristentum a u s g e s c h l o s s e n« (WUK: IX; gesperrt im Original). Stattdessen herrschte nach Sohm im Urchristentum die »charismatisch-pneumatische Organisation« vor, und sie ist »das Gegenteil jeder rechtlichen Verfassung« (WUK: IX, Fn. 4).[38] Für Sohm ist es daher auch »die allergewisseste Tatsache der ganzen Kirchengeschichte, daß das Urchristentum nicht katholisch gewesen ist« (WUK: XXXII). Im Umkehrschluss heißt das: Der »Katholizismus der Gegenwart ist gesetzmäßig fortgebildetes, umgebildetes, verbildetes Urchristentum« (WUK: 2).

Damit ist auch eine spezifische Ekklesia-Vorstellung impliziert. Die Ur-Kirche war nach Sohm »der rechtlichen Organisation unfähig.« Sie »hat ihre Organe, aber es ist unmöglich, daß ihre Organisation rechtlicher Natur sei« (KR: 22). Vielmehr ist die »aus dem göttlichen Wort geschöpfte, in Wahrheit apostolische Lehre von der Verfassung der Ekklesia [...] die, daß die Organisation der Christenheit nicht rechtliche, sondern charismatische Organisation ist« (KR: 26). Charisma wird aber nicht durch die Versammlung der Christen zuerkannt, sondern existiert oder existiert nicht: »Die Versammlung vermag keinerlei Charisma, Fähigkeit, Beruf zur Lehrthätigkeit zu gewähren [...]. Die Versammlung als solche hat kein Charisma, sondern nur der geistbegabte Einzelne. Der Beschluß der Versammlung als solcher ist daher für das Leben der Christenheit nur als Anerkennungshandlung von Bedeutung.«[39] Daher besitzt die Ur-Kirche auch »keine demokratische Verfassung« (KR: 54).[40]

Die Geschichte des Kirchenrechts wird folglich hier verstanden als die sich über einen langen Zeitraum erstreckende, schleichende Usurpation des Charismas durch eine kirchliche Funktionärskaste: »Einer fast zweihundertjährigen Entwickelung hat es bedurft, um den katholischen Grundsatz der rechtlich geschlossenen Ortskirche (unter einem Bischof) in Widerspruch mit der urchristlichen Glaubensüberzeugung durchzusetzen« (WUK: XXX). Sohm sieht in dieser Entwicklung im Wesentlichen einen Triumph des ›Kleinglaubens‹ und Misstrauens über den Idealismus, ein Sieg der ›Macht der Sünde‹ über die ›Macht der Liebe‹:

> Die Gedanken des Urchristentums bedeuten einen kühnen, von der Kraft christlichen Glaubens emporgetragenen Idealismus. Sie bedeuten die Überzeugung, daß Kirchenrecht (Rechtsordnung der Ekklesia) nicht bloß unmöglich, sondern ebenso unnötig ist. Die Macht der Liebe ist stärker als die Macht der Sünde, und vor allem: der Geist Gottes ist mächtiger in der Ekklesia als der Geist der Welt. Das ist die entschlossene Glaubensüberzeugung der ersten Zeit. Darum bedarf es keiner

> Rechtsordnung. Rechtsordnung, Zwangsordnung, formale Befugnisse ertöten vielmehr den Geist der Kirche! (KR: 162)

Doch genau dieser Ursprungsidealismus fällt dem Kirchenrecht zum Opfer, das dem »Kleinglauben des christlichen Epigonentums [...] entsprungen« ist (KR: 162): aus »der Macht der Sünde, welche auch in der Christenheit Raum gewann, ist das Bedürfnis nach Kirchenrecht, und mit ihm der Katholicismus, hervorgegangen« (KR: 163).[41]

Dadurch aber wird der christliche Glauben »verfälscht« (KR: 456). Die Geschichte des Kirchenrechts ist also bei Sohm »die Geschichte fortgesetzter Entstellung der christlichen Wahrheit« (KR: 458), beziehungsweise die Geschichte der »Entartung des christlichen Glaubens durch das sich durchsetzende Kirchenrecht« (KR: 459). Diese Entstellung, Entartung, Verfälschung ist letztlich ein Resultat römischen Hegemoniestrebens, Ausdruck des Anspruchs Roms auf (christliche) Weltherrschaft: »Der Katholicismus erscheint im Clemensbrief, die Herrschaft in der Kirche begehrend. Er wird zuerst von diesem Schreiben der römischen Gemeinde an die korinthische vertreten. Von Rom aus will er seine Herrschaft über die christliche Welt begründen« (KR: 164).

Kirchenrecht ist für Sohm also wesentlich eine große, epochale, katholische Aberration. Es ist der so verderbliche, wie letztlich vergebliche, dann durch die Reformation ja auch folgerichtig abgebrochene Versuch einer »Juridifizierung des Nichtjuridifizierbaren« (Spindler 2011: 43). Das Rechtliche, das Institutionelle, also das Katholische, ist der Feind des ursprünglichen Pneumas, des Charismas, des Enthusiasmus (Holl 1898), der Ergriffenheit (Neumann 2010) – also des Protestantischen, das die Reformation in seiner Ursprünglichkeit dann schließlich in einem Akt der Wiederaneignung des Geistes reinstalliert. Das Kirchenrecht, die sichtbare Kirche als juristische Institution, kommt geschichtlich erst lange nach der allein charismatisch-pneumatisch vereinten Urkirche, und zwar als Deformation, als ›Verbildung‹, also im Wesentlichen als eine eigeninteressierte Umdeutung einer kirchlichen Funktionärskaste, sprich als Priesterbetrug und bürokratische Entfremdung des Glaubens. Es ist ein Prozess der Veralltäglichung des Charismas, ein Sieg des Amtes über das Pneuma, der Bürokratie über den Geist und die Gnade. Eineinhalb Jahrtausende später wird diese Fehlentwicklung durch einen großen Deutschen, Martin Luther, korrigiert. Die Reformation beendet einen katholischen Irrweg, und an die Stelle der Kirchenhierarchie und des Kirchenrechts tritt – laut Sohm – mit Luther ein erneut rein charismatisches Verständnis des kirchlichen Lehramts (Sohm 1970 [1923, 2. Aufl., zuerst 1892]).[42]

Charisma als Derivat protestantischer Theologie

Mit seiner Übernahme des Charisma-Konzepts von Sohm hatte Weber nun aber auch dessen Vorstellung von der Logik geschichtlich-gesellschaftlicher Wandlungsprozesse weitestgehend übernommen – inklusive ihrer protestantischen Tiefenstruktur.[43] Geschichte vollzieht sich somit auch bei Weber entlang der wesentlich gleichen Dualismen: Amt versus Charisma, Rationalisierung und Formalisierung einerseits versus Enthusiasmus und Liebe andererseits, alltäglich versus außeralltäglich usw. Zumindest lässt sich für die späten Arbeiten, in denen Weber Ansätze zu einer Theorie des Parlamentarismus entwickelt und die für unseren Zusammenhang besonders einschlägig sind, die Vorstellung einer »ständige[n] Wechselwirkung von Rationalität und Charisma« (Breuer 1994a: 2) finden, angetrieben durch – wenn man so will: eine Dialektik aus ›schroff entgegengesetzter‹ charismatischer Herrschaft als dem »Außeralltäglichen« einerseits und der alltäglichen Herrschaft sowohl »rationaler, insbesondere bureaukratischer«, wie auch »traditionaler, insbesondere patrimonialer oder patriarchaler« Natur andererseits (Weber 1922: 180; vgl. Weber 2009 [1920]).[44] Das Politische wird hier als Gegenkreislauf gegen einen Prozess fortschreitender Rationalisierung und Versachlichung in Anschlag gebracht, aber auch das ist weitgehend institutionenfrei gedacht: charismatische Führerschaft etabliert sich rhetorisch (pneumatisch) in den Redeschlachten im Parlament, und greift von dort dann über das Parlament hinaus.

Weber übernimmt von Sohm auch die Vorstellung von einem immer nur ursprünglichen Idealismus, der nur im »status nascendi in Reinheit« bestehen kann, um dann im Fortgang traditionalisiert, rationalisiert, legalisiert und dabei zugleich deformiert zu werden (Weber 1922: 182). Charisma ist daher immer lediglich »Anfangserscheinung« (Weber 1922: 187), die anschließend »den Gewalten des Alltags« weichen muss. Diese resultieren, ganz wie in Sohms Kirchenrecht, hauptsächlich aus den »Veralltäglichungsinteressen« jeweiliger Gefolgschaften (Weber 1922: 184), sprich aus dem Partikularismus von Funktionärskasten, ihrem Interesse an der »Legitimierung« ihrer »sozialen Herrenposition« (ebenda). Dieses Interesse wird regelmäßig dann relevant, wenn sich die Frage der ›Nachfolgerdesignation‹ stellt, also bei der Ablösung charismatischer Führer, und Weber nennt als ein hierfür typisches Beispiel die Bestellung katholischer Bischöfe und insbesondere die Papstwahl selber (ebenda). In diesen kritischen Momenten stellt sich der Legitimierungsmodus um und befördert das, was in Hinblick auf die betreffenden Organisationen als Oligarchisierung zu beschreiben wäre, und in Hinblick auf den ursprünglichen Geist als Routinisierung und Veralltäglichung. Den Funktionären geht es einerseits um die Sicherung ihrer Macht, aber ihr Interesse hat auch eine direkt materielle Basis: man möchte nicht mehr, wie bislang, nur *für* die Organisation leben, sondern nun auch endlich *von* ihr, gilt doch für das Charisma, dass es »in und doch nicht von dieser Welt« lebt (Weber 1922: 833).

Charisma steht daher für Weber auch nicht nur in schroffer Entgegensetzung zur traditionellen oder bürokratisch-sachlichen Herrschaft, sondern auch zum (in berechneter Lebensführung rationalisierten) Gelderwerb: Charisma ist für ihn »geradezu *die* Macht der Unwirtschaftlichkeit« (Weber 1922: 834), und diese Ablehnung des Materiellen wird gedeutet als »Ausdruck der unvermeidlichen ›Weltabgewandtheit‹ derjenigen, welche Teil (κλῆρος) haben am Charisma« (ebenda). Charisma avanciert damit auch für Weber zu einer fundamental anti-kapitalistischen Macht, erscheint »als großer historischer Träger des *Kommunismus*, wenn wir darunter hier das Fehlen der ›Rechenhaftigkeit‹ beim Güterverbrauch und nicht die rationale Organisation der Güterproduktion für eine – irgendwie – gemeinsame ›Rechnung‹ (›Sozialismus‹) verstehen wollen« (Weber 1922: 839), Charisma meint Gabe und Verschwendung.

Politisch ist Charisma bei Weber (wie bei Sohm) institutionenfrei und nur lose, wenn überhaupt, demokratisch gedacht, steht doch im Mittelpunkt des Konzepts in der Politik »die große, letzten Endes nur sich selbst und ihren selbstgewählten ›letzten Werten‹ verpflichtete Führergestalt« (Mommsen 1989: 532).[45] Hier manifestiert sich die milieuspezifische Sehnsucht nach der Wiederkehr eines »›cäsaristischen‹ Staatsmannes Bismarck« (Mommsen 1974 [1959]: 369), nach einem Bismarck der Nach-Bismarck-Ära, mit Begriffen wie ›Berufung‹ oder Sendung der Traum von der »plebiszitär-charismatischen Herrschaft« eines großen Mannes (ebenda). Charismatische Herrschaft war aber in Webers Herrschaftssoziologie überhaupt das einzige Konzept, das das Wesentliche des Politischen zu treffen versuchte. Es war für Weber zu nichts weniger als zur »spezifisch ›schöpferische[n]‹ revolutionäre[n] Macht der Geschichte« geworden (vgl. Schmitt 1984 [1970]: 78; Weber 1922: 759). Denn seine vom eigenen Anspruch her alle möglichen Formen der Herrschaftslegitimation erschöpfende Trias aus Tradition, Legalität und Charisma kennt mit letzterer nur eine einzige Form der Herrschaftslegitimation, die – anders als Tradition oder Legalität – *nicht* auf die in dem »faktischen Bestehen von Herrschaft begründete Hinnahme der Herrschaftsordnung als einer unabänderlichen« hinausläuft (Mommsen 1989: 538). Aber Tradition konnte 1918 als weitgehend diskreditiert gelten, und Legalität war grundsätzlich problematisch geworden – denn völlig ungeklärt war ja die Rolle des Rechtsstaats in der Demokratie, nachdem seine Funktion als Verteidigungsinstrument des Bürgertums im Spätkonstitutionalismus obsolet geworden war.

Eine Leichenrede am Grab der Soziologie

> »Traum: Ich schrieb eine Abhandlung; Begründung des Antrags beim Generalkommando, am Grab der Soziologie eine Leichenrede halten zu dürfen.« (Schmitt 2005 [1915–1919]: 128)

Carl Schmitt hatte sich bereits in seiner Habilitationsschrift mit Sohms einflussreicher Abhandlung auseinandergesetzt, und reagierte dann drei Jahre später in seinem Aufsatz *Die Sichtbarkeit der Kirche* (Schmitt 2005 [1917]) auch auf deren kulturkämpferischen Gehalt. Und natürlich war er sich des »latenten, aber sehr starken Zusammenhang(s)« zwischen Sohm und Max Weber bewusst (Schmitt 1982 [1965]: 156; 2015 [1991]: 150; Ulmen 1991: 159), nicht zuletzt auch ihrer Übereinstimmung in dem, was man als den Revisionismus und aggressiven Sozialimperialismus des Lagers bezeichnen muss, das beide repräsentierten, und auf die Schmitt bei Gelegenheit und in gespielter Unschuld gerne verwies:[46] Weber als »great power chauvinist« (Balakrishnan 2000: 64–65). Er hatte diesen Chauvinismus bereits 1919/20 in München in den Gesprächen mit Weber aus erster Hand kennenlernen dürfen. Diese Stränge zusammenzuführen, dazu bot der Beitrag zur Max-Weber-Erinnerungsgabe die Gelegenheit.

Große Bedeutung hatten die Frage des Kirchenrechts und damit Sohms Abhandlung für Schmitt zunächst deshalb bekommen, weil sich am Kirchenrecht das grundsätzlich problematische Verhältnis von Rechtsidee und Rechtsverwirklichung exemplarisch erörtern ließ. So ging es ihm in der Auseinandersetzung mit Sohm auch zunächst gar nicht um die Frage der historischen Tragfähigkeit von dessen Thesen (und um deren erhebliches konfessionelles Provokationspotenzial). Schmitt interessierte sich zunächst vielmehr für die Frage, was passiert, wenn die Idee Wirklichkeit werden soll, wenn etwa der Staat das Recht nutzt, um ›aus der empirischen Welt etwas Bestimmtes zu machen‹ (vgl. Krauss 1935). Was sind die Folgen, die sich aus der »Hereinbeziehung der Idee in das Zeitliche ergebe[n]?« (Schmitt 2015 [1914]: 76, Fn. 4). Für die Kirche und den Kirchenbegriff entscheidet sich an dieser Frage alles. Wenn vom »›Wesen‹ der Kirche die Rede ist«, geht es eben darum, was geschieht und wie es zu bewerten ist, dass die Idee selber (hier: die Religion) »die Gesetze und Regeln ihrer Verwirklichung im Zeitlichen nicht bestimmen kann, da diese Regeln der Zeitlichkeit angehören« (ebenda). Dieses in-der-Welt-sein der Religion, und damit auch ihr Verstrickt-sein mit der Sündhaftigkeit dieser Welt, ist, wie Schmitt anmerkt, eine Bedingungsmöglichkeit des Protestantismus.

Die Auseinandersetzung mit Sohm gewinnt für Schmitt daher zunächst zentrale Bedeutung im Kontext grundsätzlicher rechtstheoretischer Fragen. Denn die Frage, wie das Recht *nach* dem Verlust religiöser Verbindlichkeit durch den Staat in die Wirklichkeit tritt, konnte eine Antwort erhoffen durch die Betrachtung, wie denn die Religion selber in die Wirklichkeit getreten war, insbesondere, ob sie das rechtsförmig getan hat und mit welchen Folgen. Was die zwei prinzipiell möglichen Antworten hierauf anbetrifft, kommt Schmitt bereits 1914 zu einem Resümee, das der enge intellektuelle Wegbegleiter der späteren Jahre, der Kanonist Hans Barion, in seiner Bonner Antrittsvorlesung siebzehn

Jahre später auch ziehen sollte: »Es bleibt eben nur die Alternative, die katholische Lehre als berechtigt anzuerkennen, oder den Standpunkt Luthers, wie ihn *Sohm* (KR: 460 f.) und *Stutz* (KR: 883, insb. § 44) dargestellt haben, anzunehmen und alles Recht als mit dem Wesen der Kirche unvereinbar zu betrachten« (Schmitt 2015 [1914]): 82; siehe Barion 1984 [1931]). Diese zwei Optionen bleiben aber grundsätzlich möglich, und eine Entscheidung für die eine oder die andere kann, anders als von Sohm behauptet, *wissenschaftlich* nicht gegeben werden. Eine solche Behauptung ist lediglich Ausweis des spezifisch ideologischen (konfessionell voreingenommenen) Charakters seiner Position.

Für Schmitt folgt jedoch für das Recht eine wichtige Einsicht aus dieser Auseinandersetzung: Wenn die Idee immer als ein fremder Gast in die Erscheinung tritt, wird von zentraler Bedeutung, *in welcher Form* – *wie* vermittelt – sie das tut. Das ist dann die in der Form liegende Substanz und die protestantische Entscheidung für Formlosigkeit (›die offizielle Ablehnung des Offiziellen‹), begründet mit einer Rhetorik der Unmittelbarkeit, der Ergriffenheit, des Enthusiasmus, wird automatisch zu einer Entscheidung über die Substanz. Sie überhaupt als Entscheidung kenntlich zu machen, ist Schmitts Ziel und um die Frage nach der in der Form liegenden Substanz und um den Formbegriff kreisen dann *Politische Theologie* und *Römischer Katholizismus und politische Form* gleichermaßen.

Schmitts drei Jahre später in der katholischen *Summa*-Zeitschrift erschienener Aufsatz über die »Sichtbarkeit der Kirche«, von erheblicher Bedeutung für sein Repräsentationsverständnis und damit seine Politische Theorie, reagiert dann auf die konfessionelle Provokation von Sohms Kirchenrechts-Abhandlung (Marschler 2004), die die Linien des Kulturkampfes fortgeschrieben und in eine Möglichkeit der kulturprotestantischen Selbstdeutung in einem expansiven Staatswesen überführt hatte. In dieser Schrift insistiert Schmitt nachdrücklich auf einer Sichtbarkeit der

Kirche, die in ihrer institutionellen und rechtlichen Form begründet liegt. Die zentrale Glaubensgewissheit, auf die der Kirchenbegriff aufbaue, sei – so Schmitt – die Menschwerdung Gottes in Christus, sie sei damit der auslösende Moment jener »›Vermittlung‹, die [...] das Wesen der Kirche ausmacht«. Schmitt: »Eine ganze Hierarchie der Mittelbarkeit eröffnet sich daraus, und ihr Grund ist mit dem Wort Gottes selbst gegeben. Auch die Konsolidierung dieser Relationen zu Rechtsbeziehungen, der Übergang in den festen Aggregatzustand, der das Religiöse im Kirchlichen erfährt, [...] die Einengung des Pneumatischen ins Juridische, folgt dem Rhythmus der Entstehung des Sichtbaren aus dem unsichtbaren Gott« (Schmitt 2005 [1917]: 451). Das konstituiert den realen Charakter der Kirche, die konkrete Repräsentation: »es gibt keine unsichtbare Kirche, die nicht sichtbar wäre« (Schmitt 2005 [1917]: 448). Aus katholischer Sicht vollzieht die Kirche nur das biblische Heilsgeschehen – und das findet statt als Eingriff in die Welt, an der die Kirche teilhat. Schmitt betont, »daß niemand die Vermittlung ignorieren darf, die den konkreten historischen Vorgang der Menschwerdung Christi mit der konkreten Gegenwart verbindet, die sichtbare Einrichtung, die den ununterbrochenen Zusammenhang tradiert« (Schmitt 2005 [1917]: 449). »Die Kirche Christi ist zwar nicht *von* dieser Welt und ihrer Geschichte, aber sie ist *in* dieser Welt. Das heißt: Sie nimmt und gibt Raum, und Raum bedeutet hier: Impermeabilität, Sichtbarkeit und Öffentlichkeit« (Schmitt 1984 [1970]: 50).

Vier Jahre später, in seinem Weber-Beitrag, identifiziert er nun Webers Charisma-Konzept folgerichtig als Säkularisat einer idealistischen protestantischen Kirchenvorstellung, wie sie sich exemplarisch bei Sohm ausgearbeitet findet, ein Säkularisat, das seine grundlegende Alternative nicht einmal in Betracht zu ziehen vermag, und deswegen das fundamental Ideologische an Sohms Position übernimmt. Für Schmitt ist offenkundig: Beide, die politischen Begriffe und die ›metaphysischen‹ Vorstellungen, sind durch die reale gesellschaftliche Stellung dieses spezifischen protestantischen Milieus im ausgehenden Kaiserreich und der beginnenden Weimarer Republik nachhaltig geprägt, sie werden durch die konkrete Lage einer konkreten gesellschaftlichen Gruppe das Produkt einer spezifischen ›Verweltanschaulichung‹. Auf Webers Charisma-Konzept traf daher in charakteristischer Weise das Diktum von Schmitt, sie sei eben nur die »begriffliche Verarbeitung der sozialen Struktur einer bestimmten Epoche« (Schmitt 2004 [1922]: 50), Ausdruck eines selbstgenügsamen Hegemonieanspruchs eines national-protestantischen Lagers, eine selbstbezogene und historisch völlig ungedeckte Konstruktion von Legitimität.

So zeigt sich als bislang nicht gewürdigte,[47] aber zentrale Pointe von Schmitts Beitrag zur Erinnerungsgabe für Max Weber, für die Schmitt seine »Politische Theologie« ja ursprünglich verfasst hatte,[48] dass die berühmte Einleitungsthese zum dritten, letzten Kapitel der Schrift: »Alle prägnanten Begriffe der modernen Staatslehre sind säkularisierte theologische Begriffe« (Schmitt 1923a), doch gerade auf den prägnantesten Begriff der Weber'schen Herrschaftssoziologie selbst zielte: die charismatische Herrschaft.

Charismatische Herrschaft: ›Deformation eines theologischen Urbilds‹

Auf welche textlichen Belege kann sich die These stützen, bei Schmitts Beitrag zur Erinnerungsgabe handele es sich in erster Linie um einen so subtilen wie zugleich ganz systematischen Anschlag auf Webers Soziologie? Zunächst muss sie sich natürlich am Text der ursprünglichen drei Kapitel selber erweisen, und Ausgangspunkt ist hier ein negativer Befund, jedoch einer von erheblicher Tragweite. Die Literatur hat bislang hauptsächlich auf die Stellen geschaut, in denen sich Schmitt explizit auf Weber bezieht, nicht aber auf die, in denen er das nicht tut. Aber was Schmitt allgemein zu den politischen Begriffen anmerkt, gilt für seine Schriften selbst: erst wenn man ihren polemischen Gehalt erkennt, d.h. erkennt, gegen was oder wen sie sich konkret wenden, sind sie vollständig zu erschließen.

Zu notieren ist in diesem Zusammenhang zuallererst eine bemerkenswerte Auslassung: In einem Beitrag zur Erinnerungsgabe für Max Weber, der den Begriff politische Theologie im Titel führt, verfasst von einem Autor mit intimen Kenntnissen des Werkes von Weber *wie* Sohm, insbesondere auch mit dem Wissen von der konfessionellen Abkunft von Webers wichtigstem soziologischen Konzept, findet nun genau dieses kein einziges Mal Erwähnung – obwohl es doch durch die Kennzeichnung ›Säkularisierung ursprünglich theologischer Begriffe‹ ganz unzweifelhaft getroffen wird. Hätte, anderenfalls, Schmitt Webers Charisma-Konzept für einen bedeutsamen Beitrag zu einer sinnverstehenden Handlungswissenschaft gehalten, was hätte in einem Beitrag zur Erinnerungsgabe mit dem Thema politische Theologie näher gelegen als eine höfliche posthume Verbeugung in Webers Richtung? Und wenn es Schmitt, wie ein methodisch ganz unbekümmerter Retrospektivismus es will, auch schon 1921/22 um nichts anderes als die Rechtfertigung des gelungenen Staatstreichs ging (Neumann 1980, 2015; vgl. Niethammer 2000), warum hat er sich dann nicht auf Webers plebiszitäre Führerdemokratie berufen? Wer Gründe zu haben meint, Schmitt wahlweise als ›natürlichen Sohn‹ (Habermas) oder ›gelehrigen Schüler‹ (W. Mommsen) Webers zu bezeichnen, müsste erklären können, was diesen davon abgehalten haben sollte, sich zu dieser Abstammung zu bekennen, gerade als sich hierzu die ideale Gelegenheit ergab? Der Verdacht, den Schmitts bezeichnende Auslassung weckt, wird, wie wir sehen werden, bestätigt, wenn er im Rückblick Max Webers Konzept der ›charismatischen Legitimität‹ ganz unmissverständlich als »Derivat säkularisierter protestantischer (von Rudolph Sohm stammender) Theologie«, als »Deformation eines theologischen Urbildes«

oder als »auffälligste[s] Beispiel neuester politischer Theologie« (ab-)qualifiziert (Schmitt 1984 [1970], siehe unten).

Wer aber diese harten Kennzeichnungen vielleicht noch als späte, retrospektive und eigeninteressierte Darstellung in ihrer Eindeutigkeit bezweifeln möchte, ist durch einen Hinweis auf die Textgenese des Beitrags zur Weber-Gedenkschrift mit einem weiteren wichtigen Beleg für die Dekonstruktionsthese konfrontiert. Diesen Hinweis hatte Schmitt selbst gegeben. Denn in seiner späten Replik auf Erik Petersons *Monotheismus*-Schrift hatte er kritisiert, dass Peterson dem Umstand nicht angemessen Rechnung getragen habe, dass die *Politische Theologie* im engsten »zeitlichen, stofflichen, und systematischen Zusammenhang« mit anderen Werken der Zeit stehe, und Schmitt führt namentlich die *Politische Romantik*, *Die Diktatur* und *Die geistesgeschichtliche Lage des heutigen Parlamentarismus* an (Schmitt 1984 [1970]: 28, Fn. 5).

Wolfgang Spindler hat sich in diesem Zusammenhang verwundert darüber gezeigt, dass sich die thematisch ja ganz einschlägige und 1923 erschienene Abhandlung *Römischer Katholizismus und politische Form* auf dieser Liste nicht wiederfindet (Spindler 2011: 226, Fn. 188). Aber wie das so ist bei einem Autor der Finten und Spiegelungen, der Tarnungen und Ablenkungen, der abgründigen Zitate und vieldeutigen Thesen, der mit jeder neu gelegten Fährte auch zugleich immer mindestens eine Spur verwischt: Schmitts Auflistung ist zumindest insofern ganz wahrheitsgetreu, als *Politische Theologie* und *Römischer Katholizismus* tatsächlich *nicht* ›im engen zeitlichen Zusammenhang‹ miteinander entstanden, sondern – zur exakt gleichen Zeit: »Schmitt hat auf einer Vorseite der Erstausgabe der ›Politischen Theologie‹ von 1922 angemerkt: »Die vier Kapitel Politische Theologie sind gleichzeitig mit einem Aufsatz über ›Die politische Idee des Katholizismus‹ im März 1922 geschrieben«. Besagter ›Aufsatz‹ ist dann unter dem Titel ›Römischer Katholizismus und politische Form‹ in Buchform erschienen« (Spindler

2015: 33, Fn. 112).[49] Wir müssen also beide Schriften als zwei Ausführungen *eines einzigen* Arguments verstehen.

Insofern sind es auch je verkürzte Lesarten, wenn Erik Peterson Schmitts Politische Theologie nur aufgrund der Schrift dieses Titels rekonstruieren will, Hans Barion hingegen Schmitts Politische Theologie nur auf Basis der Katholizismus-Schrift (Barion 1984 [1958]). Stattdessen sind *Politische Theologie* und *Römischer Katholizismus und politische Form* als *ein* Text zu lesen. Es erscheint sogar plausibel, dass die Katholizismus-Schrift einiges von dem enthält, was Schmitt in einer Erinnerungsgabe für Weber nicht schreiben zu können glaubte – und das geht über gezielte Gehässigkeiten hinaus wie der, dass Auguste Comte in der zweiten Schrift als »größter Soziologe« seinen Auftritt hat.[50] Was aber ergibt eine intertextuelle Lektüre, die beide Schriften in Beziehung miteinander und dann zu Webers Soziologie setzt?

Bereits öfter ist angemerkt worden, dass die explizite Bezugnahme auf Weber in den drei Kapiteln zur ›Soziologie des Souveränitätsbegriffs und Politische Theologie‹ nirgends über »Höflichkeitsfloskeln« hinausreicht (Breuer 2012: 84), nirgends substantiell wird und wirkliche Übereinstimmung belegt, während Schmitt sich sogar an einer Stelle einigermaßen schonungslos über Webers ›soziologische Methode‹ lustig macht, die doch eigentlich auf nichts anderes hinauslaufe als schöne Literatur. Wolle man das Juristische ›soziologisch‹ über seine Trägerschicht, die Juristen, näher bestimmen, dann sei das ungefähr so, als wenn man die Hegel'sche Philosophie über ihren typischen Träger, den ›berufsmäßigen Dozenten‹, näher zu bestimmen suche (Schmitt 2004 [1922]: 49–50). Das ist bereits von beeindruckender Boshaftigkeit.

Ebenfalls öfters wurde auch bereits das Missverhältnis zwischen Schmitts pauschaler Säkularisierungsthese und seiner eher dünnen ›Beweislage‹ notiert (Scholz 1983 [1978]: 153, »eigentümlich blass«), besteht diese doch lediglich aus einem Verweis auf die Analogie zwischen theologischem Wunder und juristischem Ausnahmezustand, sowie dem Verweis auf die Übereinstimmung zwischen dem Deismus des 19. Jahrhunderts und einer bürgerlichen Vorstellung von Rechtsstaatlichkeit, in der der Monarch wie unbeteiligt über den gesellschaftlichen Interessen schwebt, *le roi qui regne et ne gouverne pas*,[51] dabei aber an die von ihm gegebenen Gesetze gebunden bleibt. Insbesondere bleibt der Text ja die Antwort auf die sich unmittelbar aufdrängende Frage schuldig, wie man sich denn die Theologie oder Metaphysik der Gegenwart vorzustellen habe. Wenn aber auch ohne Namensnennung schon in der *Politischen Theologie* ein grundsätzlicher Dissens zwischen Schmitt und Weber relativ schnell deutlich wird, so zeigt sich die *Katholizismus*-Schrift schließlich als Punkt-für-Punkt Entgegnung auf dessen soziologischen Entwurf. Hier gibt nun Schmitt auch Hinweise auf das, was er als Metaphysik der gegenwärtigen Epoche betrachtet.

Die konkrete Grundlage einer substantiellen Form

Weber hatte im *Grundriss der Sozialökonomie* argumentiert, es sei »nicht möglich, einen politischen Verband – auch nicht: den ›Staat‹ – durch Angeben des Zweckes seines Verbandshandelns zu definieren« (Weber 1922: 39), sondern dies ginge »allein durch *seine Mittel* [...]: eben als ›Anstaltsbetrieb‹, der über das Monopol legitimer politischer Zwangs*mittel* verfügt« (ebenda).[52] Schmitt markiert nun in seinem Beitrag zur Erinnerungsgabe sofort die exakte Gegenposition, wenn er betont, dass »das Wesen der staatlichen Souveränität richtigerweise nicht als Zwangs- oder Herrschaftsmonopol, sondern als Entscheidungsmonopol juristisch zu definieren ist« (Schmitt 1923a: 10; 2004 [1922]: 19). Damit kann dann die Politik auch nicht, wie bei Weber, zurückgeführt werden auf Beherrschung von

Machtmitteln, was aus der Politik ja bezeichnenderweise nur eine »reine Technik macht« (Schmitt 1984 [1923]: 27). Vielmehr gilt: »Zum Politischen gehört die Idee, weil es keine Politik gibt ohne Autorität, und keine Autorität ohne Ethos der Überzeugung« (Schmitt 1984 [1923]: 28). Das Verständnis von Herrschaft kann somit auch nicht auf den Begriff der Legitimierung abstellen – ist die Frage der Legitimität erst einmal aufgeworfen, ist eigentlich sowieso schon alles verloren (Breuer 2012) – sondern auf den der Repräsentation. Als Beispiel einer solchen Repräsentation gilt Schmitt die römische Kirche.

Damit nähert sich Schmitt schließlich der Frage nach der Metaphysik der Gegenwart, denn auch in der modernen europäischen, lies: säkularisierten Gesellschaft gebe es »eine Religion, nämlich die des Privaten« (Schmitt 1984 [1923]: 48). Dort, wo die Religion zur Privatsache geworden ist (oder man könnte auch sagen: wo der Protestantismus sie zur Privatsache gemacht hat), wird das Private zur Religion. In einer Gesellschaft freigesetzter Individuen mit ihren freigesetzten Zwecken lasse sich an der Vorherrschaft von Dualismen, so Schmitt, die besondere »Übereinstimmung zwischen begrifflicher Struktur und der begrifflichen Verarbeitung der sozialen Struktur« (Schmitt 2004 [1922]: 50) der gegenwärtigen Epoche ablesen. Die Katholizismus-Schrift verwendet eine leicht abgewandelte Formulierung für den identischen Sachverhalt: Die allgegenwärtigen Dualismen seien »zeitgemäß, denn ihre geistige Struktur entspricht einer Wirklichkeit« (Schmitt 1984 [1923]: 16). Welche Wirklichkeit ist das? »Ihr Ausgangspunkt ist tatsächlich eine gegebene Spaltung und Entzweiung, eine Antithetik, die eine Synthese braucht oder eine Polarität, die einen ›Indifferenzpunkt‹ hat, einen Zustand problematischer Zerrissenheit und tiefster Unentschiedenheit, dem keine andere Entwicklung möglich ist, als sich selbst zu negieren, um, negierend, zu Positionen zu gelangen. Ein radikaler Dualismus herrscht wirklich auf jedem Gebiet der gegenwärtigen Epoche« (Schmitt 1984

[1923]: 16) – der von Persönlich/Unpersönlich, Konkret/Allgemein, Individuell/Generell, schließlich Person (Befehl) und Idee (Norm) (Schmitt 2004 [1922]: 36). Und für diese verschiedensten Dualismen gilt in der Politischen Theologie der Gegenwart die Vorstellung einer grundsätzlich gleichen Richtungsbewegung: »die Form soll aus dem Subjektiven ins Objektive verlegt werden« (Schmitt 2004 [1922]: 35).[53]

Diese Entgegensetzungen charakterisieren die geistige Struktur einer bürgerlichen Gesellschaft, die »keiner Repräsentation mehr fähig« ist und deswegen »dem Schicksal des allgemeinen Dualismus« verfällt (Schmitt 1984 [1923]: 33–34). Diese bestimmen die Wertsphären der Gesellschaft. Die Herrschaft von Ökonomie und Technik treibt die Rationalisierung und Versachlichung im Sinne technischer Präzision voran. Das ökonomische Denken entwickelt daraus »seine eigene Reelität und Ehrlichkeit, indem es absolut sachlich, das heißt bei den Dingen bleibt« (Schmitt 1984 [1923]: 27). Entsprechend gruppiert sich die moderne Gesellschaft in ihrer eigenen ökonomischen Vorstellung »sachlich, nämlich nach der Stellung im Produktionsprozess«: also in diejenigen, die die Produktionsmittel besitzen und die, die das nicht tun. Es ist eine Vorstellungswelt, die bekanntlich davon träumt, dass die Dinge sich selbst regieren: »Die Maschine läuft jetzt von selbst«, auch der Staat als Anstalt geht in Beamtentum und Verregelmäßigung durch Recht, in Legalität, auf, während die Politik in diesem Kontext nur noch als unsachlich, als »Eingriff ›von außen, eine Störung der von selbst laufenden Maschine« erscheint (Schmitt 1984 [1923]: 45). Das ökonomische Denken sieht politische und juristische Form als »nebensächlich und störend« (Schmitt 1984 [1923]: 46), als persönliches, subjektives, damit potentiell irrationales Moment.

Genau in Entgegnung auf diese Position betont Schmitt die Notwendigkeit, durch ein »Mindestmaß an Form« eine Ordnung herzustellen. Wie vermittels des Rechts »die konkrete Grundlage für eine substantielle Form« (Schmitt 1984

[1923]: 50) gelegt wird, ist am römischen Katholizismus zu ersehen. Bei Weber sei das Formale nur im Sinne einer begrifflichen Präzision des Rechts Voraussetzung für die ›kausale Komponente des Einverständnishandelns‹ – also schlicht für den rein empirisch zu ermessenden Rechtsgehorsam des Einzelnen, oder als Regelmäßigkeit und Rationalisierung Voraussetzung einer modernen Verkehrswirtschaft im Sinne eines ›reibungslosen Funktionierens‹ (ebenda). ›Formal‹ ist bei Weber also nur »mit rationalisiert, fachmäßig geschult und schließlich berechenbar« gleichgesetzt (Schmitt 2004 [1922]: 34). Aber dieses Verständnis der Form und des Formalen des Rechts trifft – so Schmitt – »das Justizförmige« nun eben gerade *nicht* (ebenda), denn das liegt in der Entscheidung. »Weil die Rechtsidee sich nicht selbst verwirklichen kann, bedarf es zu jeder Umsetzung in die Wirklichkeit eine besondere Gestaltung und Formung« (Schmitt 2004 [1922]: 35). So wie die Dinge sich nicht selbst regieren, so wie die Maschine eben nicht von selbst läuft, so verwirklicht sich auch das Recht nicht selbst. Die Verschiebung zum Objektiven hat hier ihren blinden Fleck, denn gerade in der »Eigenbedeutung des Subjekts liegt das Problem der juristischen Form« (Schmitt 2004 [1922]: 40). Diese Frage lässt sich nicht abdrängen, und dann auch nicht nur sporadisch wiederaufleben lassen in nur noch als irrational aufzufassenden Interventionen – wie in Webers Entwurf eines Gegenkreislaufs der Macht, bei der charismatische politische Führergestalten mit pneumatischer Rede sporadisch den Rationalisierungsprozess unterbrechen. Wenn Schmitt in der *Politischen Theologie* Weber eine ›unheilvolle Verwirrung des Formbegriffs‹ attestiert, dann ist es nicht ohne Bedeutung, dass die Katholizismus-Schrift die ›politische Form‹ im Titel führt.

Das alles zeigt für Schmitt, wie die Soziologie mit ihren Theorien der Rationalisierung und Versachlichung selbst eingewoben bleibt in einen Säkularisierungsvorgang, der diese Wissenschaft von der Gesellschaft überhaupt erst hervorgebracht hat, während sie wiederum die Säkularisierung weiter vorantreibt, ohne dass sie das und ihre eigene Rolle in diesem Prozess systematisch zu reflektieren vermag. Eine solche Soziologie verengt sich zu einer »Wissenschaft von der religionslosen Moderne« (Joas 2019: 361). Aber bei genauerer Betrachtung ist das doch lediglich eine kulturprotestantische Erzählung und die Selbsteinsetzung eines spezifischen Milieus in einem von ihm vorgestellten geschichtlichen Prozess. Schmitts zwei Äußerungen: »Die deutsche Universität ist protestantisch« und: »Es gibt einen anti-römischen Affekt«, zielen auf denselben Sachverhalt. Der Säkularisierungsprozess prägt noch die Konzepte, mit denen eine solche Soziologie meint, ihn analysieren zu können. Und Auguste Comte qualifiziert sich für Schmitt deswegen als ›größter Soziologe‹, weil hier der neo-theologische Anspruch der Disziplin ja schon in geradezu irrsinnigem Detail ausformuliert wird. Die Soziologie hatte sich zunächst ›die Reste säkularisierter Theologie‹ dienstbar gemacht, um sie schließlich zugunsten vollständiger Selbstlegitimation und Eigenermächtigung zu überwinden.

Aber je weniger die Gegenwart durch die alten Schriften hindurchgehen muss, umso mehr schöpft sie die Rechtfertigungen aus sich selbst heraus. Das ist die Voraussetzungen für die verhängnisvolle Mythomotorik der Moderne, die unter dem Slogan der Entzauberung und Versachlichung ihre neue, aus den Zersetzungsprozessen des deutschen Idealismus erstehende Religion inauguriert. Werden die Zeithorizonte kürzer, werden die metaphysischen Verhältnisse hermetischer. Soziologie selber trägt zur Selbstmythisierung der Gegenwartsgesellschaften bei: denn die Soziologie hat heute »Funktionen übernommen, die im 17. und 18. Jahrhundert das Naturrecht ausübte, nämlich Gerechtigkeitsforderungen, geschichtsphilosophische Konstruktionen oder Ideale auszudrücken« (Schmitt 2004 [1922]: 44). Sie ist politische Theologie geworden. Für Schmitt ist Positivismus eine Erscheinungsform von

Protestantismus: »Max Webers ›charismatische Legitimität‹ oder auch ›innerweltliche Askese‹ konnten wohl nur im Bereich des protestantischen Pfarrhauses konzipiert werden«. Und: »So ist mir bewusst geworden, was es bedeutet, dass die ›Säkularisierung‹ im heutigen Verständnis von Ernst Troeltsch und Max Weber durchgesetzt wurde« (Brief an Hans Blumenberg, 31. März 1971).

Die Katholische Kirche repräsentiert hierzu das offenkundige Gegenprinzip: »Daß sie Christus nicht als Privatmann und das Christentum nicht als Privatsache und reine Innerlichkeit auffaßt, sondern zu einer sichtbaren Institution gestaltet, das ist der große Verrat, den man der römischen Kirche zum Vorwurf macht. Rudolf Sohm glaubte den Sündenfall im Juristischen zu erkennen« (Schmitt 1984 [1923]: 53–54). Von dieser Position aus weist nun Schmitt das Sohm/Weber-Schema Punkt für Punkt zurück: Charisma ist gar nicht das Gegenprinzip von Wirtschaftlichkeit, sondern in seiner Innerlichkeit und Subjektivität das Pendant zu einer bürgerlichen Gesellschaft, deren Religion das Private geworden ist, in ihrer wirtschaftlichen Form also zum Kapitalismus. Gerade die innerliche und nicht die institutionelle Religion wird exaktes »Komplement zum Kapitalismus«, sie degradiert Religion zu einem »hygienische[n] Institut für die Leiden des Konkurrenzkampfs, ein[em] Sonntagsausflug oder Sommeraufenthalt des Großstädters« (Schmitt 1984 [1923]: 20). Kommunismus – zusammen mit dem ihm angeblich zugrunde liegenden Charisma – bilden gar nicht den Gegenbegriff zu Kapitalismus, sondern es ist der Katholizismus zu beiden, Kapitalismus wie Kommunismus, die sich ja völlig einig sind in ihrem Projekt der sachlich-technischen Rationalisierung, einfach nur zwei Wege zum gleichen Ende darstellen, der völligen Elektrifizierung der Erde. Die Ablösung des Amtes vom Charisma ist gar nicht als Veralltäglichung zu beklagen, sondern ganz im Gegenteil zu begrüßen, denn jede »fanatische Wildheit eines zügellosen Prophetentums wird durch eine solche Formierung fern gehalten« (Schmitt 1984 [1923]: 24). Damit verweist eigentlich auch schon der Begriff des Wunders selber auf die gegen Weber gerichtete, eminent polemische Grundkonstellation, aus der heraus Schmitt seine *Politische Theologie* verfasst: Erwächst bei Weber die charismatische Legitimation unter anderem aus dem Glauben der Gefolgschaft an die Wundertätigkeit der Führerfigur, und taucht in diesem Kontext in Webers Staatsrechtsvorlesung von 1920 (die jeweils auch in Webers Dozentenseminar, an dem Schmitt teilnahm, thematisch wurde) der Name Kurt Eisner auf (Weber 2009 [1920]: 78), so ist für Schmitt, bis 1919 an das Stellvertretene Generalkommando des I. bayerischen Armeekorps abgeordnet und dort in der Zensurbehörde tätig, angesichts der revolutionären Wirren im München der unmittelbaren Nachkriegszeit das Wunder des Ausnahmezustands eines, das genau einer solchen ›fanatischen Wildheit eines zügellosen Prophetentums‹ Einhalt zu gebieten und damit wieder Ordnung herzustellen vermag.

Prozesse der Versachlichung des Charismas lassen sich somit auch nicht diskreditieren als partikulare Absicherungsstrategien von Verbandsmitgliedern, denn die behaupteten Oligarchisierungstendenzen stellen sich gar nicht ein. Stattdessen herrscht im Binnenverhältnis etwa der Katholischen Kirche Demokratie, kann doch in der Katholischen Kirche »der letzte Abruzzenhirt« zum »autokratischen Souverän«, also zum Papst, gewählt werden (Schmitt 1984 [1923]: 12). Die Hierarchie ist eben nicht zu denken ohne die Idee, die sie repräsentiert, und die Idee der Kirche liegt in nichts anderem und nichts geringerem als der Menschwerdung Gottes. Davon kann eine Soziologie der kirchlichen Organisation nicht abstrahieren ohne sofort ideologisch zu werden. Schon auf der zweiten Seite der Katholizismus-Schrift ruft Schmitt mit dem Begriff der ›zölibatären Bürokratie‹ eine Weber-Referenz auf und auch hier als klare Zurückweisung, ist das Zölibatäre doch für Schmitt gerade nicht, wie für Weber, Zeichen der Weltabgewandtheit oder -verneinung, sondern im Gegenteil einer spezifischen Weltzugewandtheit der katholischen Kirche in ihrer spezifischen Form.

Die offizielle Ablehnung des Offiziellen

Alles das ist einerseits beißende Ideologiekritik an einem nationalprotestantischen Lager, das im Gefühl seiner gesellschaftlichen Dominanz und Überlegenheit, seiner hegemonialen Stellung, sich der Illusion hingeben konnte, seine Ansprüche ließen sich ›von innen her, nicht durch äußere Ordnung‹, rechtfertigen, ›die qualitative Schranke seiner Sendung und Macht‹ läge allein in der Überlegenheit seiner ›Berufung‹, ganz unabhängig von deren historischen und institutionellen Hervorbringungen. Institutionen werden hier als Formen eines Geistes deklariert, der durch seine Medien bzw. Mitglieder Fortschritt verkörpert, und der sich geschichtlich in der Ausnahmefigur des großen Mannes personalisiert: Paulus – Luther – Bismarck. Ist bei Sohm die protestantische Kirche rein ›pneumatischer‹ Ausdruck der religiösen Selbstorganisation eines Kollektivs, so bleibt es für Weber offensichtlich unvorstellbar, dass die von ihm herbeigesehnte charismatische Führerfigur womöglich eine andere als die von seinem Milieu für gut und richtig befundene nationale Großstaatspolitik würde verfolgen können.

Denn Weber hatte sogar gemeint, der Sozialdemokratie sein Konzept der plebiszitären Führerdemokratie durch den Hinweis politisch schmackhaft machen zu können, sie möge »doch bedenken, daß die vielberedete ›Diktatur‹ der Massen eben: den ›Diktator‹ fordert, einen selbstgewählten Vertrauensmann der Massen, dem diese so lange sich unterordnen, als er ihr Vertrauen besitzt« (Baehr 1989; Weber 1988 [1919]: 499). Angesichts eines solchen Ausmaßes an politischer Naivität konnte Schmitt nur warnen: »In der konkreten Wirklichkeit stellt sich die öffentliche Ordnung und Sicherheit sehr verschieden dar, je nachdem etwa eine militaristische Bureaukratie, eine von kaufmännischem Geist beherrschte Selbstverwaltung oder eine radikale Parteiorganisation darüber entscheidet, wann diese Ordnung besteht und wann sie gefährdet oder gestört ist« (Schmitt 2004 [1922]: 16).

Der fatale Mangel an Institutionenverstand, und das heißt letztlich: Politikverstand, des nationalprotestantischen Milieus im Ausgang des Kaiserreichs und über die Zeit der Weimarer Republik hinweg offenbart sich hier, und das intensiv ideologische Bild, das sich Lutheraner wie Sohm oder Holl von der Verfasstheit der christlichen Frühkirche machten, steht mit den verhängnisvollen Defiziten der Weimarer Reichsverfassung und ihrem pathologischen Politikbegriff in innigstem Zusammenhang. Schmitt stellt das gnadenlos aus: »Das metaphysische Bild, das sich ein bestimmtes Zeitalter von der Welt macht, hat dieselbe Struktur wie das, was ihr als Form ihrer politischen Organisation ohne weiteres einleuchtet« (Schmitt 2004 [1922]: 32). Aus Schmitts Sicht war es nicht weiter überraschend, dass einem der herausgehobensten Repräsentanten des protestantischen Lagers das als politische Organisationsform besonders einleuchtete, was sich dieses Lager metaphysisch (wenn auch unter dem Etikett ›Geschichte des Urchristentums‹) zurechtgelegt hatte (Merklein 1987).[54] Der Mangel an einem reflexiven Begriff von dem, was Institutionen sind und leisten, resultierte dabei gerade aus der Selbstverständlichkeit, mit der die kulturprotestantischen Eliten Ämter einnahmen und verkörperten: ›Sieger entwickeln keine intellektuelle Neugierde‹ – und auch keine institutionelle Neugierde, d. h. keine Neugierde in Hinblick auf die Institutionen, die sie privilegieren, in Hinblick auf die konkreten Positionen, die zum Treffen von Entscheidungen ermächtigen.

Es ist andererseits aber auch eine Fundamentalkritik an der Soziologie, die sich als unfähig erweist, die spezifisch zeitgenössische und konfessionelle Prägung ihrer angeblich überzeitlichen Typologien zu erkennen, die »Strukturkonvergenz theologischer und (säkularisierter) fremdwissenschaftlicher Argumentationsformen« (Marschler 2004: 404). Sie erweist sich damit auch als unfähig, gesellschaftlich-geschichtliche Entwicklung – und die eigene Rolle in ihr – anders als einseitig zu rekonstruieren. Dazu hätte sie sich zuallererst einer begriffssoziologischen Selbstanalyse unterziehen müssen.

Auf diese bislang nicht wirklich gewürdigte polemische Stoßrichtung seiner *Politische Theologie*-Schrift, die in der Erinnerungsgabe noch verdeckt formuliert werden musste, sollte es nicht zum Eklat kommen,[55] gibt Schmitt fast fünfzig Jahre später einen deutlichen Fingerzeig, der aber nun erneut übersehen wurde, weil man *Politische Theologie II* nur unter dem Blickwinkel der Auseinandersetzung mit Erik Petersons Monotheismus-Schrift (und als Addendum: mit Hans Blumenbergs *Legitimität der Neuzeit*) gelesen hat (Blaquart and Bourdin 2009; Brokoff/Fohrmann 2003; Schindler 1978).[56] Nun formuliert Schmitt recht unverdeckt, in fast direkter Paraphrase von Rudolph Sohms These von der katholischen Deformation eines angeblich ursprünglichen Christentums: Max Webers Soziologie »der ›charismatischen Legitimität‹ […] [sei] nur ein Derivat säkularisierter protestantischer (von Rudolph Sohm stammender) Theologie, Deformation eines theologischen Urbildes«, denn »die neu-testamentliche charismatische Legitimität des Apostels Paulus bleibt der theologische Ursprung all dessen, was Max Weber soziologisch zu dem Thema Charisma gesagt hat« (Schmitt 1984 [1970]: 51–52). Wenige Seiten später wird Schmitt mit seinen Hinweisen auf das eigentliche Ziel der Schrift noch unmissverständlicher, wenn er – immer im Anschein seiner vorgeblichen Auseinandersetzung mit Peterson – von Max Webers ›charismatischer Legitimität‹ als »auffälligste[m] Beispiel neuester politischer Theologie« und einem »Fall soziologisch säkularisierter Theologie« spricht (Schmitt 1984 [1970]: 62). Max Webers Charisma-Konzept als ›Deformation eines theologischen Urbildes‹, als

›Derivat säkularisierter protestantischer Theologie‹ – mithin als nichts anderem als Politischer Theologie, die über sich selbst unaufgeklärt ist und es auch gerne bleiben will. Das lässt an Deutlichkeit nichts zu wünschen übrig.

Es ist somit von besonderer Ironie, dass Schmitt Peterson (posthum) darauf aufmerksam machen muss, dass dessen These von der angeblichen Erledigung jeglicher politischen Theologie schon allein deswegen einem großen Irrtum aufsitzt, weil ihr offenkundig noch nicht einmal bewusst ist, an wen sie sich denn eigentlich korrekterweise zu adressieren gehabt hätte. Ein Irrtum, den die einschlägige Sekundärliteratur dann mitvollzieht, wenn sie behauptet, Petersons Monotheismus-Traktat hätte »Schmitt, den Propagandisten politischer Theologie als seinen eigentlichen Empfänger« (Hebekus 2003: 106). So wird mit Hinblick auf Schmitts Schrift von 1922 mit der Frage: »Was ist das substantiell Theologische an Schmitts Rechtslehre?« (Scholz 1983 [1978]: 157), beziehungsweise: »was ist theologisch an Schmitts unter dieser Überschrift zu sammelnden Postulate?« (Lennartz 2018: 15) immer nur wieder das identische Missverständnis formuliert. Eine Literatur, die Schmitt partout zu einem Proponenten einer neuen politischen Theologie machen will, ihn, zu dessen Lieblingszitaten Gentilis ›*silete theologi*‹ gehört und der im Vorwort der zweiten Auflage der *Politischen Theologie*, gerade mit Hinweis auf die einschlägigen Beiträge der protestantischen Universitätstheologie, noch einmal das Epochale des Säkularisierungsprozesses betont, findet für ihre Lesart keine textlichen Belege und bleibt folglich auf die selbstgestellte, sich aus ihrer Prämisse ergebende Frage: »Und was hat das alles mit Theologie zu tun?« (Neumann 2015: 46; vgl. Blumenberg 1999: 105) ohne überzeugende Antwort. Ihr eigenes Unverständnis rechnet die Interpretation dann dem Autor als Widersprüchlichkeit an – gängige ›Lesart‹ bei einem Autor, über den das Verdikt ja ohnehin schon lange gesprochen ist. Wenn Schmitt aber auch noch fünfzig Jahre nach seiner ursprünglichen Intervention darauf insistiert, dass seine Schrift ihrem Charakter nach eine rein juristische sei, sollte derjenige sehr gute Gründe vorbringen können, der sich gegen diese unmissverständliche Selbstauskunft eines Autors stellen will, dem wie keinem Zweiten die Strukturanalogien, aber auch die Unterschiede zwischen Theologie und Juristerei, bewusst waren – Gründe, die diese Literatur bislang schuldig geblieben ist.

Die Erledigung der Erledigung

Aber bei so vielen ›Dialogen unter Abwesenden‹ (Heinrich Meier), bei so viel ›Gespenstergesprächen‹ (Christoph Schmidt) – zwischen Leo Strauss und Carl Schmitt (Meier 2013 [1988]), zwischen Walter Benjamin und Carl Schmitt (Schmidt 2009), zwischen Hans Morgenthau und Carl Schmitt (Gangl 2011; Koskenniemi 2001), zwischen Erik Peterson und Carl Schmitt (Blaquart/Bourdin 2009; Brokoff/Fohrmann 2003; Schindler 1978) – wurde der dialogische Bezug von Schmitts *Politische Theologie*-Schrift auf Max Webers politische Soziologie bislang übersehen.[57] Wie aber sollte man sich vorstellen können, Schmitt habe beim Schreiben seines Beitrags für die Erinnerungsgabe nicht (auch) die Auseinandersetzung mit Weber gesucht? Umso mehr als, Ironie der Ironie, die im weiteren Schicksal dieser frühen Schrift fast fünfzig Jahre später erfolgende angebliche ›Antwort‹ Schmitts auf Petersons Kritik dem Kanonisten und engen intellektuellen Weggefährten, Hans Barion, zur Vollendung seines 70. Lebensjahres gewidmet war (sie erschien, wiederkehrendes Muster der Tarnung, in einer ersten Fassung sogar in der Festschrift *Eunomia* für Barion; Forsthoff 1969). Dieser konnte aber nun, anders als Weber, noch erkennen und aussprechen, dass Schmitt mit seiner (vorgeschobenen) Auseinandersetzung mit Peterson und der tatsächlichen mit Blumenberg wohl vor allem den Geehrten selber »treffen wollte« (Spindler 2011: 21–22, Fn. 11;

siehe hierzu mit weiteren Nachweisen Schmitz/Lepper 2007a: 263–264), nämlich dessen Kritik an Schmitts Politischer Theologie »abzublocken und ihn abzudrängen« versuchte (Spindler 2011: 21–22, Fn. 11).[58]

Wer aber die polemische Stoßrichtung von Schmitts 1922er Schrift übersieht, dem steht es dann ganz frei, an Schmitt vorbei, um Schmitt herum, über Schmitt hinweg, schließlich auch ganz gegen Schmitts Selbstauskünfte ihm eine eigene Politische Theologie nachzuweisen. Dagegen bleibt festzuhalten, dass »Schmitts Beobachtungen über die Tendenzen der Moderne aus ihm keinen politischen Theologen, sondern einen wißbegierigen Betrachter und Kritiker der Versuchungen einer Reihe von säkularisierten politischen Theologien« machen (Rasch 2000; 2003: 41).[59] Genauso wenig wie allein das Motiv, einer entschieden »katholischen Glaubensüberzeugung [...] in der gesellschaftlichen Wirklichkeit Geltung zu verleihen« (Scholz 1983 [1978]: 160), bereits hinreicht, jemanden zum politischen Theologen zu qualifizieren – will man den Begriff nicht völliger Beliebigkeit überantworten. Wer »das gesamte Werk Schmitts zur freien Verfügung von Zitaten bereitstellt«, dem fällt es natürlich leicht, »entsprechende Zitate aus den verschiedensten Zusammenhängen zu zitieren, die theologisch geprägt sind« (Schmidt 2009: 147). Das aber addiert sich bei Schmitt nirgends zur christlichen Legitimation weltlicher Herrschaft und kann eigentlich nicht von einer grundlegenden Einsicht ablenken: »Carl Schmitt war Jurist, kein Theologe, aber ein Jurist, der den heißen Boden betrat, von dem die Theologie abgetreten war« (Taubes 1987: 7). Säkularisierung in ihren politischen Konsequenzen vollständig und radikal zu durchdenken heißt nicht zu denken, sie sei reversibel, oder sich gar selbst anzuschicken, sie rückgängig zu machen.

Sein Interesse für den ›heißen Boden‹ führt Schmitt tatsächlich nirgends zum Versuch der Theologisierung von politischer Herrschaft. Exakt das Gegenteil trifft zu. Formalisierung, Vermittlung und Bürokratie werden von ihm als Säkularisierungsmotoren gewürdigt. Und die 1922er Schrift, aber auch selbst Schmitts Beiträge aus den 1930er Jahren, denen man in puncto Legitimierung der bestehenden politischen Ordnung nun so einiges vorwerfen kann (Schmitt 2021), versuchen sich nirgends daran, »die christliche Verkündung zur Rechtfertigung einer politischen Situation« zu missbrauchen (Peterson 1994 [1935]: 59).[60]

Schmitt hingegen, retrospektiv und mit ätzendem Spott (und erneut in der ihm typischen umwegigen Art, unter dem Deckmantel seiner angeblichen Auseinandersetzung mit Peterson), lässt sich die Gelegenheit nicht entgehen, das politisch Verhängnisvolle von Webers Charisma-Konzept herauszustreichen – indem er Peterson, mit Verweis auf die charismatische Legitimierung eines Adolf Hitler oder Kurt Eisner, »schlimmere Neutralisierungen als Max Webers wertfreie Wissenschaftlichkeit« attestiert (ebenda). Mit dem Satz, wenn man ihn denn ein wenig auf sich wirken lässt, stellt Schmitt Webers Anspruch auf den werturteilsfreien, rein sachlichen Wiedereinbezug der ausgeklammerten Gottesfrage ebenso grundsätzlich in Frage wie dessen politischen Sachverstand.

Wer aber entgegen der vielen klaren Selbstzeugnisse Schmitts ihn unbedingt zu einem politischen Theologen machen will, muss gerade sein Kernanliegen übersehen, nämlich die »Trennung von ›Politischem‹ und ›Theologischen‹ aus der Perspektive des politischen Interesses«, und verfehlen, dass es hier zentral um die »Emanzipation des Politischen von allen theologischen Illusionen« (Schmidt 2009: 19) geht. Auch die später, im *Begriff des Politischen* (Schmitt 1988 [1927]), explizit als ›rein politisch‹ definierte Freund-Feind-Unterscheidung zielt ja auf »nichts anderes als die Neutralisierung des Theologischen in der Politik« (Schmidt 2009: 19, Fn. 26). Insofern »erfährt Schmitts Politische Theologie im ›Begriff des Politischen‹« tatsächlich »ihre Abrundung« oder »ihren Abschluß« (Spindler 2011: 231). Elf

Jahre später, in seinem *Leviathan*-Buch, bezieht Schmitt diesbezüglich nochmals recht deutlich Stellung, wenn er Hobbes als jemanden schildert, der »gegen die politische Theologie in jeder Form seinen großen zeitgeschichtlichen Kampf« geführt habe, um ihm dann im allerletzten Satz des Buches »über die Jahrhunderte hinweg« zuzurufen: *Non jam frustra doces!* (Schmitt 1982 [1938]: 22 und 132) – aber auch angesichts des *Silete jurisconsulti* der neuen Theologen, ausruft: *doceo sed frustra*.[61]

Umso allergischer fallen Schmitts Reaktionen auf Versuche aus, den politischen Ideen und Begriffen der Gegenwart nicht-deklarierte theologische Versatzstücke unterzujubeln – wie es Weber im Kontext einer protestantischen Siegergeschichtsschreibung tut. Dagegen insistiert Schmitt auf der Grundtatsache: »Sohm ist der Vater der Lehre vom charismatischen Führer; es handelt sich nicht um Max Weber; es handelt sich um Rudolf Sohm« (Schmitt 2015 [1991]: 150), als jenem Verfasser der Geschichte des Kirchenrechts, der dem Katholizismus wissenschaftlich ›nachgewiesen‹ hatte, eine »Fälschung des christlichen Glaubens« zu sein.[62] Nur um sofort eines seiner Spottgedichte anzuschließen:

Führer, Lenker, Steurer, Leiter,
Diese Reihe geht noch weiter;
Leiter, Führer, Lenker, Steurer,
Diese Sache wird noch teurer;
Steurer, Leiter, Führer, Lenker,
Hier versagt der schärfste Denker,
Lenker, Steurer, Leiter, Führer,
Welche Hüter! Welche Schürer!
Charisma auf jeden Fall.

Das ›Hier versagt der schärfste Denker‹ wird man wohl als auf Max Weber gemünzt verstehen dürfen.

Die besondere Pointe von Schmitts Position würde daher auch darin bestehen, dass Webers drei Typen des Legitimitätsglaubens gerade *kein* »instruktives Beispiel für den virtuellen Atheismus seiner Soziologie« abgeben (Böckenförde 1983: 18). Aus Schmitts Sicht trifft das genaue Gegenteil zu: exakt bei demjenigen, der den Anspruch einer »wissenschaftlich-neutralen Begriffsbildung« in der Behandlung von religiösen Sinnzusammenhängen explizit macht (Böckenförde 1983: 18, Fn. 5), findet sich säkularisierte protestantische Theologie umso fataler eingeschleust. Dies tritt vor allem bei der charismatischen Legitimität hervor.[63]

Jacob Taubes ist zweifelsohne auf der richtigen Spur, wenn er – anders als die meisten Interpreten der Schrift – es für bedeutsam hält, dass die ersten drei Kapitel der *Politischen Theologie* ursprünglich für die Erinnerungsgabe für Weber verfasst wurden (Taubes 1987: 11). Angesichts ihres hoch-polemischer Charakters wird man aber wohl zu einer genau entgegengesetzten Einschätzung kommen müssen als zu der, Schmitt zeige sich »hier als legitimer und nicht als illegitimer Sohn Max Webers« (Taubes 1987: 13). Ob nun legitim oder illegitim, die Kennzeichnung erscheint in dem einen Fall so irreführend wie in dem anderen. Sie dokumentiert lediglich das jeweilige Unverständnis davon, dass Schmitt hier in ganz grundsätzlicher Weise eine Attacke gegen Weber und dessen charismatische Versuchungen reitet – um ganz abzusehen von dem ja hinreichend bekannten Sachverhalt, dass Schmitt viel zu ehrgeizig war, um sich über Freunde (oder gar ›Väter‹) zu definieren. Stattdessen waren es die Feinde, die ihn interessierten, weil er sich durch sie zu stärkerer Klarsicht provoziert sah. So auch hier: ›Ich schreibe immer ein Buch gegen etwas‹.

Dogma, Hierarchie, Öffentlichkeit, Repräsentation

Natürlich ist Schmitts Kritik an den politischen Theologien und Theologen der Gegenwart entschieden katholisch geprägt und diese konfessionelle Prägung ist ihm in ihren

Konsequenzen – im Unterschied zu Weber und seinem Charisma-Konzept – auch völlig transparent: Schicksal des Außenseiters.[64] Aber es musste ihm auch als ganz legitim erscheinen, eine protestantische Theologie und Bibelphilologie darauf aufmerksam zu machen, dass der Säkularisierungsprozess aus katholischer Perspektive ganz andere politische ›Überlebsel‹ (Edward B. Tylor) produziert hatte. Insofern, Christoph Schmidt ist hier unbedingt zuzustimmen, will Schmitts Schrift »eine zu der aus dem Protestantismus hervorgegangenen Säkularisation alternative Säkularisation konstruieren, die nicht das göttliche Prädikat der Gerechtigkeit und Vernunft, sondern das der Macht verweltlicht und gegen das Prinzip der Gerechtigkeit ausspielt« (Schmidt 2009: 149). Das ist nicht die »Taktik einer esoterischen Verbergung des ›Theologischen‹«, sondern, ganz im Gegenteil, die bewusste Arbeit an der Emanzipation des Politischen vom Theologischen, die »das Gewicht von der Souveränität Gottes auf die Frage nach dem Feind« verlegt (ebenda), die Sukzession, Öffentlichkeit, Vermittlung, Dogma, Hierarchie, Amt, Repräsentation zu rehabilitieren sucht gegen Ergriffenheit, Charisma, Berufung, Enthusiasmus usw. ›Esoterische Verbergung‹ ist allenfalls dort notwendig, wo Schmitt es nicht allzu offensichtlich werden lassen darf, wie gründlich er in einer Gedenkgabe für Max Weber dessen politische Soziologie dekonstruiert und destruiert.

In diesem Kontext wird auch offensichtlich, dass Schmitts Versuch einer Enttheologisierung des Politischen gerade *nicht* »in einer theoretischen Tradition verankert ist, die auf Paulus zurückgeht und das Gesetz nur aus der Perspektive seines Ungenügens für das Subjekt begreifen kann« (Schmidt 2009: 163), dass Schmitts Begriff des Politischen gerade *nicht* richtig verstanden ist als »Epiphänomen christlicher Gesetzeskritik, für die der Name Paulus steht« (ebenda). Wann wäre je bei Schmitt der Hinweis auf irgendein ›Ungenügen für das Subjekt‹ zu einem Argument für oder gegen irgendetwas geworden? Eine solches Argument verkörpert ja im Gegenteil alles, was er an der Moderne für problematisch hält.

Schmitt – wie Peterson – stellen sich gerade *gegen* den »grassierenden Paulinismus« ihrer Zeit (Söding 2012: 188),[65] in dem sie das Vorrecht der Zwölf vor dem Dreizehnten, die Bedeutung des Amtes vor dem Charisma, die Figur der juridischen Kontinuität und der apostolischen Sukzession, der Hierarchie und des Dogmas, der Öffentlichkeit vor der Innerlichkeit betonen, der Kirche als Wahrheit *vor* Paulus, als bestehende Institution, vor der Paulus »das Knie beugt« und beugen muss (Weidemann 2012). Und beide, Schmitt wie Peterson, sind sich ganz einig darin, die protestantische Ursünde in der ›offiziellen Ablehnung des Offiziellen‹ zu sehen. Auch hierauf gibt Schmitt fünfzig Jahre später, in *Politische Theologie II*, deutliche Hinweise, wenn er im direkten Zusammenhang mit seiner Identifizierung des Charismas als protestantisches Säkularisat betont, dass »Paulus, der *Triskaidekatos*, der Dreizehnte gegenüber den Zwölfen [...] sich vor ihrer konkret etablierten Ordnung nicht anders als charismatisch legitimieren« konnte (Schmitt 1984 [1970]: 42). Der christliche Referenzpunkt, auch für Paulus selber, muss also die durch die Apostel ›konkret etablierte Ordnung‹ sein. Erst außerhalb von ihr wird charismatische Legitimität überhaupt zur Notwendigkeit. Aber diese konkret etablierte Ordnung ist natürlich nichts anderes als die Kirche, als konkrete Institution, die Raum nimmt und Raum gibt – impermeabel, sichtbar, öffentlich, und selbstverständlich: in juristischer Form.[66]

Zu den zahlreichen Legenden, die über die ›Erledigung jeglicher politischen Theologie‹ kolportiert werden, gehört somit zum einen die Behauptung, die *Monotheismus*-Abhandlung Petersons sei als eine gegen Schmitt gerichtete »Abrechnung« (Schmidt 2009: 15, Fn. 9) oder »attack« (Vatter 2016: 258) zu verstehen oder sei als »Kampfschrift« gegen »Carl Schmitt, den geistigen Vater des Begriffs ›Politischer

Theologie‹ und vieler durch ihn verführter Intellektueller katholischer, protestantischer und atheistischer Provenienz« gerichtet gewesen (Schlier 1980 [1960]), zitiert nach Nichtweiss 1992: 736). Es ist noch nicht einmal völlig geklärt, ob dies wirklich das Selbstmissverständnis von Petersons Schrift markiert, die als innertheologische Positionsnahme viel plausibler zu verstehen ist – schließlich handelt ihr zentraler abschließender Satz ja ganz explizit und eigentlich unmissverständlich von der »*theologischen* Unmöglichkeit einer ›politischen Theologie‹« (siehe unten).[67] Zum anderen gehört aber auch dazu die Behauptung, Schmitt hätte erst 35 Jahre später, in seiner *Politischen Theologie II* (Schmitt 1984 [1970]), auf die fundamentale Herausforderung, die ›Parther-Attacke‹ Petersons, reagiert. Dies ist nicht nur wenig wahrscheinlich wegen mancher Hinweise darauf, dass der Name des eigentlichen Adressaten von PT II nicht Erik Peterson, sondern Hans Barion lauten muss (vgl. Spindler 2011: 22, mit weiteren Nachweisen). Sondern auch, weil Schmitt – falls die Kritik Petersons überhaupt je für ihn einen ›parthischen Pfeil‹ darstellte – er diesen schon zwanzig Jahre zuvor vollständig und schmerzlos gezogen hatte.

Denn bereits 1950 hatte Schmitt geschrieben – und es war völlig offenkundig, auf wen das antwortete: »Ich bin nun darüber belehrt worden, daß eine politische Theologie durch das christliche Trinitätsdogma unmöglich geworden sei. *Das glaube ich ohne weiteres*. Aber es handelt sich bei der Frage von Anfang an um etwas ganz anderes, nämlich um die geschichtliche und soziologische Tatsache einer gegenwärtigen Wirklichkeit, die uns überwältigt. Es handelt sich um die Mythisierung der Antriebe und Wunschbilder großer Massen, die von kleinen Gruppen gelenkt werden. In ihrem ersten Stadium arbeitete diese Mythisierung noch mit den Resten einer säkularisierten Theologie. Den Anstoß lieferte eine Geschichtstheologie der Trinität, die Lehre Joachim von Floris, nach welcher das Reich des Vaters durch das Reich des Sohnes abgelöst worden ist und nunmehr ein drittes Reich, das des Geistes, bevorsteht. Das folgende Stadium ist aber längst darüber hinaus und braucht keine theologischen, auch keine säkularisiert-theologischen Begriffe mehr. Den Massen ist in weitem Maße eine reine Diesseitigkeit völlig selbstverständlich geworden. Sie sind – ich würde es nicht wagen, das Wort zu gebrauchen, wenn es nicht von P. Alfred Delp S. J. schon ausgesprochen wäre – *gottunfähig* geworden. In diesem Stadium fragen sie nicht mehr nach Theologie oder Moral. Die Mythen, in denen sie ihre Antriebe und Wunschbilder finden, sind anderer Art. Sie sind zum großen Teil aus der Selbstzersetzung der Philosophie des deutschen Idealismus entstanden und wesentlich geschichtsphilosophischen Ursprungs.« (Schmitt 1950: 10–11, kursiv im Original)[68]

Wer Schmitts ›*Das glaube ich ohne weiteres*‹ in Bezug auf Petersons theologischer Erledigung jeder politischen Theologie als eine Revision seiner vorheriger Position verstehen will (Greiffenhagen 1961), hat diese vorherige Position nicht richtig verstanden.[69] Sowohl 1950 als auch 1970 betont Schmitt den identischen Punkt, dass es ihm doch nie um ein »theologisches Dogma, sondern [um] ein wissenschaftstheoretisches und begriffsgeschichtliches Problem« gegangen sei: »die Struktur-Identität der Begriffe theologischer und juristischer Argumentationen und Erkenntnisse« (Schmitt 1984 [1970]: 22). Insofern weist Schmitt Peterson schon früh darauf hin, dass seine Kritik, wenn sie denn als eine an Schmitt gemeint gewesen war, vollständig ins Leere läuft. Schmitts frühe Reaktion auf Petersons Schrift wirft dann aber die Frage auf, ob und in welcher Hinsicht Schmitt selber 1969/1970 ein Interesse daran gehabt haben mag, der Legende von der Erledigung jeder politischen Theologie eine weitere hinzuzufügen – dass er nicht seine Antwort auf Peterson erwähnt, die er schon 1950 gegeben hatte, mag man als Indiz dafür lesen. Und dieses Interesse bestand sicherlich. Ein Teil der Erklärung: Ablenkung vom wahren Ziel und Adressaten der Schrift von

1970, ist evident. Ein weiterer Teil: deutlichere Hinweise auf die unverstanden gebliebene Motivation seines ursprünglichen Beitrags von 1922 nachzureichen, insbesondere auch auf deren geheimes Ziel, Max Weber, kommt hinzu. Schließlich ermöglichte diese Rahmung der Kontroverse es Schmitt wohl auch, seine Position als für Petersons Schrift wichtiger darzustellen, als sie es vermutlich war.

Denn als bei Schmitt beschriebenes *Faktum*, geradezu Ausdruck einer »inneren Notwendigkeit« und anthropologische Konstante, dass nämlich das »Denken der Menschen von dem *hic et nunc* einer politischen Ordnung niemals unabhängig ist« (Peterson), gleichermaßen aber auch, dass metaphysischen Grundüberzeugungen auf die Legitimität politischer Ordnungen auf eine fundamentale Art und Weise abfärben (Nichtweiss 1992: 788–789), wird diese Einsicht ja in Petersons Werk selber vielfältig fruchtbar. Dies sogar in der Monotheismus-Schrift, die, in völliger Übereinstimmung mit Schmitts These, festhält, dass »die letzte Formulierung der Einheit eines metaphysischen Weltbildes von der Entscheidung für eine der politischen Einheits-Möglichkeiten immer mit- und vorbestimmt ist« (Peterson 1994 [1935]: 53). Diesen Zusammenhang für immer ›erledigen‹ zu wollen, wäre daher illusionär und müsste so auch Peterson erschienen sein.

Die Stoßrichtung von Petersons Schrift ist daher wohl wesentlich eine innertheologische.[70] Er reagiert mit seinem 1935er Traktat auf die sowohl auf protestantischer wie auf katholischer Seite zahlreich zu findenden zeitgenössischen Versuche, sich dem neuen Regime theologisch anzudienen, sei es in Form der Reichstheologie, sei es als Deutsche Kirche. Petersons These ist also im Zentrum »ein *theologisches* Urteil« (Nichtweiss 1992: 789, Hervorhebung im Original), das völlig unerachtet der (Schmitt'schen *wie* Peterson'schen) Feststellung vom tatsächlich nahezu unvermeidlichen Zusammenhang des Politischen mit dem Metaphysischen seine Berechtigung hat und behält. Denn es geht ihm um eine Möglichkeit religiöser Souveränität, über die sich das Individuum mit sich selber verständigt. So endet ja auch Schmitts Auseinandersetzung mit der ganz lapidaren Feststellung: ob »theologisch der Monotheismus als politisches Problem erledigt [sei] […] müßten die Theologen unter sich ausmachen, wenn sie politische Probleme überhaupt theologisch erledigen wollen« (Schmitt 1984 [1970]: 95), und mit einem bekannten ›quis judicabit?‹-Einwand: wenn es aber, was in der 1935er Schrift unklar bleibt, Peterson gar nicht um *jede* politische Theologie ging, sondern nur um die missbräuchlich verwendete, wer entscheidet denn dann »über Vorliegen oder Nicht-Vorliegen eines Mißbrauchs in concreto«?[71] Die ebenso lapidare Antwort: »anscheinend soll das hier die Theologie sein« (Schmitt 1984 [1970]: 96). Schmitt ist aber kein Theologe, und strebte auch nie an, einer zu werden.[72]

Ein ›legitimer Student Max Webers‹

Schmitt als legitimer Student beziehungsweise »natürlicher Sohn Max Webers« (Habermas 1964: 81): Die Entscheidung für die naheliegende kritische Pose hat einen intellektuellen Preis. Den Weber von 1918–1920 mit dem Schmitt von 1933 ff. zu kritisieren verstellt den Blick auf Schmitts Fundamentalkritik an Weber aus dem Jahr 1922 und versucht zugleich das grundsätzlich Problematische aus Webers Programm gleichsam auszulagern.[73] Damit ist der Weg frei, sich selbst nochmals prominent in die Weber'sche Theorie der Rationalisierung einzuschreiben. Amt versus Charisma wird – in bezeichnender privatistischer Steigerung – zu System versus Lebenswelt. Die Illusion, die Maschine laufe nun von selbst, wird an die Systemtheorie delegiert. Von Politik in einem ernstzunehmenden Sinne ist keine Rede mehr, stattdessen vom Staat als ›selbstgesteuertem sozialen System‹, vom zweckrationalen Verwaltungshandeln, für das die kulturelle Überlieferung nur noch »Rohstoff für Zwecke der Ideologieplanung« sei (Habermas 1981b: 457). Kapitalismus und Staatsgewalt werden zu ausdifferenzierten »mediengesteuerten Subsystemen« (Habermas 1981b: 468), die auf Geld und Macht und somit auf – welch' absurde Vorstellung – »sprachunabhängige Steuerungsmedien« (Habermas 1981b: 470) umgestellt seien, damit zu Bereichen »normfreier Sozialität« würden (Habermas 1981b: 455) und – selbstverständlich – eine *»unaufhaltsame Eigendynamik* entfalten« (Habermas 1981b: 484; kursiv im Original).[74] Politik erscheint allenfalls noch als Karikatur, als krude Idee von einem direkten Gabentausch »politische Entscheidungen« im Gegenzug für diffuse »Massenloyalität« (Habermas 1981b: 472–473). Auch dies ist völlig institutionenfrei gedacht, nicht zuletzt weil kollektive Akteure – wie Parteien oder Gewerkschaften – unter pauschalen Partikularismusverdacht gestellt sind (Joas 1986 [2002]: 166).

Ihre ›Kritik‹ formuliert dieses neueste Beispiel einer Politischen Theologie aus der gemütlichen Perspektive einer Lebenswelt[75] mit ihren angeblich »spontanen Meinungs- und Willensbildungsprozessen« (Habermas 1981b: 480), und als Vorstellung eines Konflikts zwischen einer nicht näher beschriebenen, aber offensichtlich als Kleinfamilie vorgestellten »Lebensform« einerseits und »penetranten Weisungen einer rechtsförmig organisierten Obrigkeit« (Habermas 1981b: 477) andererseits – unheilvolle Verwirrung des Formbegriffs. Mit ›Kolonialisierung‹ als einem weiteren dieser »gefährlichen Prozeßbegriffe« (Joas 2019: 356) wird Webers These eines angeblich alle gesellschaftlichen Sphären übergreifenden Prozesses der Rationalisierung einfach übernommen. Der besondere Kitsch dieses Entwurfs und seine enorme Aufladung zeigen sich dort, wo der kommunikativen Vernunft die Fähigkeit zu einer vollständig »säkularisierte[n] Form der religiösen Brüderlichkeitsethik« (Habermas 1981a: 331) zugeschrieben wird. Es ist unzweifelhaft, wer sich hier als Student Max Webers legitimiert, gerade im Fortschreiben der Unzulänglichkeiten dessen Programms.

Hier sind also keine Antworten zu erwarten, insbesondere auch nicht auf die sich für uns anschließenden Fragen: Wie läuft denn nun diese Maschine? Was geschieht ökonomisch in der Lage vollständiger Immanenz, wenn die Menschheit an die Stelle Gottes tritt und sich aus der Konkursmasse des deutschen Idealismus heraus daran macht, die Welt nach eigenen Vorstellungen zu gestalten? Wie sieht der Kapitalismus der anarchischen Freiheit aus? Wir müssen also im nächsten Kapitel zurück gehen zu den Antworten auf diese Fragen, die Carl Schmitt ab der Mitte der 1930er Jahre zu geben beginnt.

III WEIDEN

Ganz in der Tiefe: Der entsetzliche Lebensdrang, der Terror der Triebe, der Zwang zum Leben (élan vital ist ein ruchloser Übermut), das ist der Leviathan. Julien Green hat ihn gut beschrieben. Hobbes und Rousseau suchen Schutz vor ihm, Hobbes in gesteigerter Problematik, Rousseau in der Entproblematisierung. Hobbes macht den Leviathan zu einer Maschine, Apparat und Kollektiv, und eröffnet damit das Zeitalter der Technik (Schutz und Sicherung in der Technik). Rousseau macht den Leviathan zum Kaninchen mit Gift im Schwanz, venerum in cauda. Was mich im Tiefsten beschäftigt, ist die Verwandlung des Raubtiers in eine Maschine; Zusammenhang von Technik und Leviathan, d. h. eines räuberischen Seetieres. Die Genialiät Hegels zeigt sich darin, daß er den Zusammenhang von Meer und industrieller Technik gesehen hat (R[echts]phi[losophie] §247). Aber die Genialität des Hobbes ist noch größer; sie zeigt sich darin, daß er das alles in seinem Leviathan [symbolisiert].

(*Glossarium*, Eintrag vom 11. 11. 48)

The sea is both enemy and friend.

(Oakeshott 1962:60)

neujahrsgruss 1957

links:	rechts:
jetzt ist die zeit gekommen	wie ist mein herz beklommen
die alles unrecht heilt	wir sind wie eingekeilt
es wird nicht mehr genommen	es wird nichts mehr genommen
es wird nur noch geteilt	es wird nur noch geteilt

(Neujahrsgrüße an Ernst Jünger, Kiesel 1999: 316)

Der große Wal

Der moderne Staat, der *Leviathan*, so schreibt es Carl Schmitt im Jahr 1938, wurde »erlegt und ausgeweidet« (Schmitt 1982 [1938]: 124). »Alle untereinander sonst so feindlichen indirekten Gewalten waren sich plötzlich einig und verbündeten sich zum ›Fang des großen Wals‹«, sie »zerschnitten« ihn und verteilten »sein Fleisch unter sich« (Schmitt 1982 [1938]: 118).[76]

In dem Jahr, in dem Schmitt sein enigmatisches Buch *Der Leviathan in der Staatslehre des Thomas Hobbes. Sinn und Fehlschlag eines politischen Symbols* sich selbst zum Geschenk anlässlich seines 50. Geburtstags machte,[77] war Deutschland im zweiten Jahr zum Walfang zurückgekehrt (Barthelmess 1993; Scholl 1988, 1991).[78] In der Jagdsaison 1937/38 war die deutsche Flotte in den antarktischen Gewässern bereits für 17 Prozent des Fangs verantwortlich. Sieben Fabrik- und sechsundfünfzig Fangschiffe unter deutscher Flagge, unmittelbar die drittgrößte Walfangflotte der Welt (Scholl 1991: 52), produzierten in dieser Saison etwa 90.000 Tonnen Walöl – etwas weniger in der darauffolgenden Fangsaison 1938/39. Deutschlands Rückkehr zum Walfang war Teil der Kriegsvorbereitungen und der nationalsozialistischen Autarkiepolitik (Brandt 1939, 1940, 1948; Sparenberg 2012), und hatte das Ziel, in Kriegszeiten die Fettversorgung der deutschen Bevölkerung zu sichern, die sogenannte deutsche »Fettlücke« zu schließen, also Deutschlands diesbezügliche Importabhängigkeit zu verringern (Scholl 1991).

Ein umfangreiches Propagandaschrifttum begleitete Deutschlands Rückkehr zum Walfang (vgl. Ludorff 1938; Lynge 1936; Macht 1936; Peters 1938), und wir haben reichhaltige Evidenz für Schmitts lebenslanges Interesse am Wal und am Walfang. Tatsächlich kommentierte Schmitt vier

Jahre später in *Land und Meer* in einer längeren Passage die Londoner Walfangkonferenz, die 1937/38 vor allem wegen Deutschlands (und Japans) Wiederaufnahme des Walfangs von den zwei dominierenden Walfangnationen der Zeit, England und Norwegen, einberufen worden war (Toennessen/Johnsen 1982).[79] Zugleich waren die Piraten und Walfänger des 16. und 17. Jahrhunderts für Schmitt nicht nur emblematische, sondern absolut zentrale Figuren in dem Prozess der »Raumrevolution im planetarischen Maßstab«, die er in seinen Schriften ab 1938 diagnostizierte und deren Folgen ihn zunehmend beschäftigten. Dank dieser Raumrevolution, so Schmitts Diagnose, konnte das *jus publicum Europaeum* überhaupt erst entstehen. Die Revolution führte dann aber schließlich zur gewalttätigen Konfrontation zwischen dem kontinentaleuropäischen Staatensystem einerseits, das auf territorialer Herrschaft basierte, und dem angelsächsischen Freihandels- und Menschenrechtsuniversalismus andererseits, der auf maritimer Herrschaft und globalem Kapitalismus basierte (Biehler 2006; Schmitt 1942: 92 und 94; 1995 [1941]). An dieser Konfrontation, so Schmitt, gingen das *jus publicum Europaeum* und mit ihm der europäische Territorialstaat schließlich zugrunde.[80]

Die Rückkehr zum Walfang in den späten 1930er Jahren zeigt, wie sehr das nationalsozialistische Regime von Fragen der nationalen Ernährung besessen war. Adam Tooze spricht von der »fanatische[n] Fixierung von Hitler und Konsorten auf die Fragen des ›Lebensraums‹, der Nahrungsmittelproduktion und der Landwirtschaft« (Tooze 2006: 202). Wie wir heute wissen, hauptsächlich dank der Forschungen von Christian Gerlach, standen die Überlegungen, wie die Ernährung der deutschen Bevölkerung in Kriegszeiten zu sichern sei, im Zentrum der Genozidpläne des Regimes für den Osten Europas, die schließlich ihre ultimative Radikalisierung in den Maßnahmen zur Auslöschung des europäischen Judentums fanden, die die Nazis ab 1941 umzusetzen begannen (Gerlach 1998). Die obsessive Beschäftigung des Nazi-Regimes mit Ernährungsfragen (Gerhard 2015) ist wiederum auf die traumatischen Erfahrungen mit dem als kriegsentscheidend wahrgenommenen Hungerwinter von 1916/17 zurückzuführen (sowie den folgenden zwei Wintern), verursacht durch die britisch-französische Seeblockade. Dieses Trauma hatte in den Hungererfahrungen der Weltwirtschaftskrise, die die Nazis an die Macht gebracht hatte, eine rezente Auffrischung erfahren (Corni 2009; Offer 1991; Vincent 1985; Weinreb 2019).

Auf Seite 18 des *Leviathan*-Buches, wie *en passant*, stellt Schmitt auch diese Verbindung her, wenn er die Darstellung des Kampfes zwischen dem Landmonster Behemoth und dem Seemonster Leviathan, bei dem der »Leviathan mit seinen Fischflossen dem Behemoth Mund und Nasenlöcher zuhält und ihn auf diese Weise tötet«, als mythische Darstellung »der Bezwingung eines Landes durch eine Blockade« liest (Schmitt 1982 [1938]: 18).[81] Zur gleichen Zeit ist für Schmitt eine Hungerblockade, die eine ganze Bevölkerung zur Geisel nimmt, exemplarisch für den Übergang vom »gehegten Staatenkrieg« des europäischen Völkerrechts, bei dem sich reguläre Armeen gegenüberstehen, zum totalen Krieg der modernen Ära, in dem sich ganze Nationen bekämpfen und wechselseitig dämonisieren (Davis 2012; Schmitt 1958 [1941], 1997 [1950]). Bereits im Ersten Weltkrieg hatte England Walöl offiziell zu Konterbande erklärt, denn das Öl war nicht nur wichtig für die Ernährung der Bevölkerung, also den Fettkonsum (vor allem als Bestandteil von Margarine), sondern auch für die Munitionsproduktion, weil das aus dem Walfett gewonnene Glyzerin ein Vorprodukt des Nitroglyzerins war.[82] Englands Einstufung des Walöls als kriegswichtigen Rohstoff im Jahre 1915 aber hatte verheerende Konsequenzen für ein Land wie Deutschland, das zu Beginn des Krieges 40% seines Fettbedarfs durch Importe deckte: »fats were the dietary component in which the German Reich was least self-sufficient« (Weinreb 2019: 18). Eine entstehende internationale Arbeitsteilung hatte Deutschland zu einem Industrieland mit hohem Exportanteil von produzierten Gütern und einem hohen Importanteil von Nahrungsmitteln werden lassen. Der Erste Weltkrieg mit seiner ›Militarisierung der Nahrung‹ und ›Politisierung des Hungers‹ hatte der deutschen Bevölkerung bzw. den deutschen Entscheidungseliten vor Augen geführt, wie eine transnationale Ernährungswirtschaft zu einem Instrument globaler politischer Kontrolle in den Händen derjenigen werden konnte, die die Handelswege kontrollieren.

Fünf Jahre nach dem Erscheinen von Schmitts *Leviathan*-Buch, im Jahr 1943, erschien der Propagandafilm THE BATTLE OF BRITAIN des Regisseurs Frank Capra, als vierter Teil der *Why we fight*-Reihe des US-amerikanischen Militärs. Der Film handelt vom heldenhaften Kampf der Royal Airforce gegen die Invasion der Insel durch Nazi-Deutschland. Capra, der Leni Riefenstahls TRIUMPH DES WILLENS bewunderte und ein Propaganda-Gegenstück produzieren wollte, zeigt in den ersten Minuten des Films eine Trickfilmsequenz, in der Nazi-Deutschland die Form eines riesigen Pottwals annimmt, der im Begriff ist, die englische Insel zu verschlucken (Abb. 3) – die Trickfilmsequenz wurde von den Disney-Studios produziert (Slater 2009; Slocum 2006).

Wohin führt das alles? Wohin führt uns der Wal? Der Walfang berührt alle wichtigen Themen, die Schmitt in dieser Zeit beschäftigen: Die Freiheit des Meeres, die effektive Okkupation in Übersee durch europäische Mächte und in der Rückwirkung auf die europäische Staatenordnung ihr Übergang in ›effektive Exklusion‹, ›Freundschaftslinien‹ und Fangfelder, der Wal als *res nullius*, der Kampf zwischen Nationalstaaten und Reichen oder Großräumen (Blindow 1999; Schmoeckel 1994), die neue planetarische Raumordnung, die Moralisierung des modernen Kriegs, das Zusammenspiel von Technologie auf der einen und Politik und Wirtschaft auf der anderen Seite – und so weiter.[83] Auf eine weniger offensichtliche, indirekte Weise verweist der Wal auch auf die Frage nach dem heimlichen »Todeskeim«, der nach Schmitts

Abb. 3: *Still* aus Frank Capra, THE BATTLE OF BRITAIN, Teil 4 der *Why we fight*-Propagandareihe des US-Militärs (vgl. Hoare 2009: 323).

Verständnis letztendlich den Leviathan, den Staat von innen her zerstört (Tralau 2010). Die Diagnose, dass nun der Staat tot sei, leitet in für Schmitt charakteristischer Wendung über in die Wer-war's-Frage: wer hat ihn getötet?

Schmitt muss als einer der ersten Denker der Globalisierung verstanden werden, einer sprunghaft ansteigenden internationalen wirtschaftlichen Verflechtung, auf deren Implikationen er häufig verweist. Schmitts spätere Schriften reflektieren eine Lage Deutschlands, die in vielerlei Hinsicht von einer internationalen Arbeitsteilung geprägt ist, welche sich im letzten Viertel des 19. Jahrhunderts ausbildete und dann mit dem Ersten Weltkrieg eine dramatische Krise erlebte, in der sich zugleich ihre ganze sicherheits- und geopolitische Bedeutung zeigte. »Bestimme die Lage!«, musste daher für ihn vor allem bedeuten: Bestimme die wirtschaftliche (und *dadurch* [geo-]politische und militärische) Lage Deutschlands am Vorabend des Zweiten Weltkriegs.

Damit ist die nächste Wendung in seinem Denken, die vom Politischen zum Ökonomischen, vorgezeichnet. Schon früh ist der Zusammenhang formuliert: »Alle Macht ist heute wirtschaftliche Macht« (Schmitt 2014 [1921–1924]: 408). Zur Normalität der Gegenwartsgesellschaft gehören ein sich internationalisierender Kapitalismus und die politischen Konfliktlinien, die sich an ihm und in ihm ausbilden. Um diese Verbindung des Politischen mit dem Wirtschaftlichen in ihrer internationalen Dimension geht es also in diesem dritten inhaltlichen Kapitel, das sich dem ›Weiden‹ widmet.

Fehlschlag eines politischen Symbols

Wenn Schmitt vom »Fehlschlag« eines politischen Symbols bei Hobbes spricht, mit Hinblick auf die Leviathan-Referenz in Hobbes' Beschreibung der absoluten Macht des modernen Staates – oder des Staates *tout court*, da es nach Schmitt so etwas wie den Staat erst ab dem späten 16. Jahrhundert gibt (Schmitt 1958 [1941]) –, dann fußt sein Urteil darauf, dass der Staat im Wesentlichen ein kontinentaleuropäisches und daher territoriales Phänomen ist, und insofern mit dem Namen eines Seemonsters fehlbezeichnet ist. Stattdessen wäre das Landungeheuer Behemoth die angemessenere mythische Referenz gewesen, aber der Behemoth erscheint bei Hobbes bekanntlich als Gegenspieler des Leviathans und mithin als Symbol des Bürgerkriegs, der Unruhe und der Anarchie (Hobbes 2014 [1668]). Schmitt entwickelt dieses Argument im *Leviathan*-Buch auf den Seiten 34 und insbesondere den Seiten 119–124, aber formuliert seine Einwände gegen Hobbes direkter und expliziter drei Jahre später im Aufsatz *Staatssouveränität und freies Meer* (Schmitt 1995 [1941]), und dann, ein weiteres Jahr später, in der kleinen Schrift *Land und Meer* (Schmitt 1942). 1941 fasst er seine »Fehlschlag«-These wie folgt zusammen:

> Ein Volk kann seine politische Existenz ganz in das Element des Meeres verlegen. Das ergibt natürlich ein politisch und geschichtlich völlig anderes Bild als die Existenz vom Lande her. Die Insel ist dann nicht mehr ein abgesprengtes Stück Land, sondern ein Teil oder sogar ein Produkt des Meeres, ein Schiff oder sogar ein Fisch, der große Walfisch, der Leviathan. Das berühmte Buch des Thomas Hobbes, das 1651 unter dem Titel *Leviathan* erscheint, verwendet das Bild des großen Fisches unrichtig und irreführend für eine Staatskonstruktion, die sich nicht in England, sondern auf dem europäischen Festland verwirklicht hat. Der *Staat* ist eine land- und erdräumliche Ordnung geworden, während das Meer gerade *frei*, d. h. staatsfrei blieb. Das Buch müßte daher, wenn Hobbes wirklich mit den mythologischen Bildern der großen Tiere als Symbole der Elemente Ernst gemacht hätte, nicht nach dem Seetier Leviathan, sondern nach dem Landtier Behemoth heißen. Aus dem Behemoth hat Hobbes, im Gegensatz zum Leviathan als dem Symbol der staatlichen Ordnung, ein Symbol der Revolution zu machen versucht. Das ist, mythisch gesehen, ganz unmöglich. Hobbes ist eben auch insofern ein *Aufklärer*, als ihm jeder mythologische Sinn fehlt. In seiner Eigenschaft als Engländer gehört er noch ganz zum terrestrischen, nicht zum maritimen Typus des Insulaners. Er ist keiner von den Engländern seines Zeitalters, die sich für das Element des Meeres entschieden haben und davon innerlich bestimmt und umgeprägt worden sind. Daher darf man nicht an ihn und seine Staatstheorie denken, wenn der Leviathan als Symbol des Meeres im Gegensatz zum Land zitiert wird. (Schmitt 1995 [1941]: 416)

Heute würden uns beide von Schmitt vorgebrachten Argumente zweifelhaft erscheinen. Zunächst braucht die britische Staatsentwicklung im 17. und 18. Jahrhundert den Vergleich mit der französischen oder preußischen Entwicklung nicht zu scheuen. Absolutismus war kein exklusiv kontinentales Phänomen (Brewer 1989; Ertman 1999). Die lange Zeit gängige Entgegensetzung eines liberalen Nachtwächterstaates in England, das als Seemacht auf die Zusammenarbeit mit *privateers* setzte, und den vollentwickelten absolutistischen Bürokratien in Frankreich und Preußen, als Landmächten mit großen stehenden Heeren, ist irreführend. Schmitts Einschätzung – »Die Insel England und ihre welterobernde Seefahrt bedurften weder der absoluten Monarchie, noch eines stehenden Landheeres, noch einer staatlichen Bürokratie, noch eines gesetzesstaatlichen Rechtssystems, wie es für die kontinentalen Staaten typisch wurde« (Schmitt 1982 [1938]: 120–121) – mag sich auf Sombart oder Hintze berufen können, bleibt aber dennoch historisch zweifelhaft.

Auch dass Hobbes und seine politische Philosophie von der britischen Expansion in Übersee unbeeinflusst geblieben seien, dass er zum »terrestrischen, nicht zum maritimen Typus des Insulaners« zu zählen ist, muss heute in Frage gestellt werden. Hobbes' Teilhaberschaft in der *Virginia Company*, seine detaillierte Kenntnis der Situation in den Kolonien, die vielen Referenzen in seinem Werk auf die koloniale Konkurrenz zwischen den europäischen Staaten, bezeugen das Gegenteil (Aravamudan 2009; Malcolm 2002; Manow 2011; Moloney 2011; Eberl 2021). Tatsächlich hebt ja Schmitt später selbst hervor, wie sehr Hobbes' Naturzustand von der internationalen Staatenkonkurrenz um die Neue Welt abgeleitet ist (Schmitt 1997 [1950]). Und auch die *jealousy of trade*-Debatte, also die Debatte um den vornehmlich in der ökonomischen Wohlfahrtssteigerung liegenden und primär durch Handel zu erzielenden modernen *ragion di stato*, findet auch schon bei Hobbes ihren Niederschlag.[84]

Wir können es hier offenlassen, inwieweit für Hobbes selbst der Land/Meer-Gegensatz in der Wahl der zwei mythischen Monster, Leviathan und Behemoth, als Namensgeber für zwei seiner Schriften irgendeine Rolle gespielt hat. Es scheint plausibel anzunehmen, dass Hobbes nur an der im Buch Hiob hervorgehobenen *non est potestas super terram quae comparetur ei*-Eigenschaft interessiert war, als er 1651 auf den Leviathan verwies. Die gesamte ›Land versus Meer‹-Thematik wäre dann eher ein Vehikel für Schmitts eigene Theorie des Staates und der Entwicklung der internationalen Ordnung vom 16. bis zum 20. Jahrhundert. Schmitts Kritikpunkte an Hobbes, das zumindest ist bedeutend in unserem Kontext, sind miteinander verschränkt. Beide sind zentral, um einen Konflikt zwischen einem »staatsfreien« Universalismus und einer territorialen Staatsordnung, zwischen Meer und Land, zwischen Ökonomie und Politik, konkret zwischen Deutschland und ›dem Westen‹ (wie auch dann zwischen Deutschland und dem »Universalismus der bolschewistischen Weltrevolution« im Osten) zu konstruieren (Schmitt 1988 [1939]).

Aber wie lautete dann Schmitts eigenes Argument? Wer oder was tötete den Leviathan? Die Antwort auf diese Frage gibt Schmitt, wie wir sehen werden, mit Verweis auf den engen Zusammenhang zwischen der nationalen und der internationalen Ordnung. Der Nationalstaat, aus den religiösen Kämpfen des 16. und 17. Jahrhunderts entstanden, wurde zum Träger einer internationalen Ordnung,[85] die aber als europäische immer noch eine Gemeinsamkeit der Christenheit repräsentierte (Schmitt 1982 [1938]: 70–73). Damit hängen der Aufstieg des Nationalstaats und die internationale Vorherrschaft eines *jus publicum Europaeum* für Schmitt zusammen. Aber das eröffnet zugleich die Möglichkeit, dass Änderungen in der internationalen Ordnung – etwa durch das, was er als »planetarische Raumrevolution« beschreibt (Feuerbach 1988) – zurückwirken auf die Ordnung des Nationalstaates, und das ist anscheinend das, was Schmitt in seinen völkerrechtlichen Schriften zwischen 1938 und 1950 argumentiert.

Zunächst ist die Antwort, die Schmitt in dem *Leviathan*-Buch auf die Ursache für den Tod des Staates gibt, eine innere: es ist der Pluralismus moderner Gesellschaften, der auf einem liberalen Glaubens- und Bekenntnisindividualismus basiert, dem Hobbes – unabsichtlich – durch die Unterscheidung von *faith* und *confession* den Weg bereitet hat (Feuerbach 1988). Aber welcher Zusammenhang ergibt sich hieraus zur internationalen Sphäre? Warum scheint Schmitt geradezu besessen vom Gegensatz zwischen einer territorialen Ordnung und der freien See, vom Gegensatz zwischen Behemoth und Leviathan als dem geopolitischen Gegensatz Land und Meer (vgl. Agamben 2014: 19; Schnur 1961)? Was hat der heimische Pluralismus mit dem liberalen Universalismus zu tun?

Die erste Welle der Globalisierung, der deutsche Walfang und der Großraum

> »Die kleine Schrift *Land und Meer* sollte ein Schritt über das Mythologische hinaus ins Mythische selber sein. Deshalb ist z. B. die Stelle von den beiden Jägern (S. 23) ein wichtiges Korrektiv gegen die Oberflächlichkeit vieler Fragestellungen zu der uns sonst zerschneidenden Option zwischen Westen und Osten; die Frage, wer auf Dauer der authentische Nachfolger des deutschen Ostsoldaten sein wird, ist noch nicht beantwortet.« (Schmitt 2015 [1991]: 107)

Was bei Schmitt als ein Prozess beschrieben ist, der sich im 16. und 17. Jahrhundert vollzieht, die Entdeckung des »Weltozeans«, ist etwas, was sich ökonomisch doch erst vollständig im letzten Viertel des 19. Jahrhunderts realisiert, durch die sogenannte ›erste Welle der Globalisierung‹, die mit dem Ersten Weltkrieg abrupt endet (zumindest die *real*wirtschaftliche [nicht die finanzwirtschaftliche] Verflechtung sollte dann bis in die 1980er Jahre unter dem 1914 schon einmal erreichten Niveau bleiben). Das Dampfschiff und die Eisenbahn verbanden das nord- und südamerikanische Hinterland mit Europa. Es etablierte sich nun erstmals eine vollentwickelte »atlantische Ökonomie« (Findlay/O'Rourke 2007; Nolan 2012; O'Rourke/Williamson 2001). Das hatte dramatische Auswirkungen für die europäische Landwirtschaft: aufgrund der geringen Transportkosten lösten die teils geographisch, teils technologisch begründeten Produktivitätsvorteile des amerikanischen Landwirtschaftssektors in Europa eine schwere Agrarkrise aus (Frieden 2006). Die europäischen Staaten reagierten auf drei Arten: mit Protektionismus, mit landwirtschaftlicher Spezialisierung (Fleisch- statt Getreideproduktion), und mit einem stärker auf Industrialisierung setzenden Entwicklungsweg. Dieser Industrialisierungsprozess wurde dabei durch die transatlantische Integration der Gütermärkte befördert, denn der Nahrungsmittelimport aus Übersee erlaubte es den europäischen Nationen nun, der Malthusianischen Falle zu entkommen: stetiges Bevölkerungswachstum und der Rückgang der Beschäftigung im Landwirtschaftssektor konnten nun zum ersten Mal in der Geschichte mit stabilen oder sogar *sinkenden* Lebensmittelpreisen einhergehen (Findlay/O'Rourke 2007; O'Rourke/Williamson 2001). Die sich jetzt etablierende internationale Arbeitsteilung hatte schon England die frühzeitige Industrialisierung ermöglicht. Im Jahr 1913 machten Farmer nur mehr 12% der britischen Beschäftigung aus, trotzdem waren die Nahrungsmittelpreise in England seit der zweiten Hälfte des 19. Jahrhunderts gesunken. Etwas später, seit den 1880er Jahren, traf dies auch für den deutschen Industrialisierungsprozess zu. Doch die Abhängigkeit von Nahrungsmittelimporten sollte sich in zukünftigen Konflikten als problematisch erweisen, denn »the process of international specialization affected the strategic balance of power« (Offer 1991, 2000). Geopolitik und Geoökonomie, nationale Wachstumsmodelle und militärische Staatenkonkurrenz waren unauflöslich verbunden.

Es ist frappierend, wie sehr Schmitts Analyse dieses Prozesses mit der des Wirtschaftshistorikers Adam Tooze siebzig Jahre später übereinstimmt:

> Der gierige Griff nach Land war ein oder vielmehr das Motiv hinter der explosionsartigen weltweiten Ausbreitung europäischer Macht, durch die das globale Kräfte-

> verhältnis der Welt seit dem 17. Jahrhundert so grundlegend verschoben war. Renaissance und Aufklärung, die der Welt rationale Wissenschaft und Technik vererbten, waren die Grundlage für die Modernisierung Europas gewesen. Aber eine mindestens ebenso entscheidende Komponente war der unersättliche Drang der Europäer, die Knappheiten auf dem eigenen Kontinent durch die Eroberung und ›Besiedlung‹ von riesigen *leeren* Regionen in Eurasien, Amerika und Australasien auszugleichen. Die dramatische Folge war, dass Länder wie Populationen bis zum späten 19. Jahrhundert grundlegend umverteilt wurden. (Tooze 2006: 201)

Tooze benennt die ökonomischen Konsequenzen dieses Prozesses:

> Vierzig Millionen europäische Siedler begaben sich in Übersee auf die Suche nach besseren Lebensbedingungen, während ein stetiger Strom von Waren in den eroberten und neu besiedelten Gebieten produziert wurde und dann in die umgekehrte Richtung floss. Als sich die Transportkosten im späten 19. Jahrhundert deutlich zu verringern begannen, verwandelte sich dieser Strom in eine Flut. Und diese Flut zog schließlich eine spektakuläre Revolution im globalen Ernährungssystem nach sich, die Auswirkungen auf alle großen Agrarpopulationen Europas haben sollte. (Tooze 2006: 201)

Und: »Die Frage, wie europäische Gesellschaften und ihre Agrarpopulationen auf die neue globale Nahrungsmittelwirtschaft reagieren sollten, war alles andere als nebensächlich. Es war eine der grundlegendsten Fragen, mit denen sich alle europäischen Völker im 20. Jahrhundert auseinanderzusetzen hatten« (Tooze 2006: 202). Doch stellte sich diese Frage für die europäischen Gesellschaften in sehr unterschiedlicher Weise:

> Natürlich passte es den saturierten Siegern des Ersten Weltkriegs nur allzu gut in den Kram, dass sie die Frage des Lebensraums für sich als gelöst erklären konnten. Im Gegensatz zum dicht bevölkerten Deutschland verfügte Frankreich auf eigenem Grund und Boden sowie in seinem beträchtlichen Imperium über ein außerordentlich günstiges Verhältnis zwischen Land und Bevölkerung. Großbritannien und die Vereinigten Staaten kontrollierten die landwirtschaftlichen Kerngebiete auf beiden Hälften des amerikanischen Kontinents und in Australasien. Und da diese Staaten sämtliche Seewege beherrschten, beobachteten sie nun mit satter Zufriedenheit, wie die Landwirtschaft in Deutschland den Bach runterging und die urbane Bevölkerung in Abhängigkeit von importierten Nahrungsmitteln geriet. Als es die Nationalsozialisten ablehnten, diesen Stand der Dinge als etwas Unvermeidliches zu akzeptieren [...] sperrten sie sich ganz einfach gegen den Versuch, die Verteilung von Land, Ressourcen und Populationen, die sich aus den Kolonialkriegen des 18. und 19. Jahrhunderts ergeben hatten, als etwas Endgültiges anzuerkennen. (Tooze 2006: 204)

Angesichts der Importabhängigkeit der deutschen Wirtschaft schien Schmitt die Verteidigung des vorgeblich ›universellen‹ Freihandelsprinzips in der angelsächsischen Literatur daher auch nur als zynisch. Die Position der britischen und nachfolgend auch der US-amerikanischen Administration gegenüber Japan oder Deutschland in der Zwischenkriegszeit: »Ein Industrieland soll sich seine Rohstoffe auf dem Weltmarkt kaufen« (Schmitt 1988 [1939]: 300) – zeige lediglich, so Schmitt, wie das Prinzip der freien See zu einem machtpolitischen Instrument geworden sei. Die ›freien‹ Räume seien zu Bereichen des »agonalen Kräftemessens« (Schmitt 1997 [1950]: 68) geworden, in denen Staaten »are ›free‹ to suppress those who would challenge the established rules governing ›free trade‹« (Steinberg

2011: 268). Das ist »eine Weltdeutung und Geschichtskonstruktion, deren konkretes Ergebnis den angelsächsischen Weltkapitalismus zum Herrn der Welt und zum Inhalt und Garanten des Weltfriedens macht. Seine ökonomisch fundierte Weltherrschaft kann es sich leisten, den Krieg zu ›ächten‹, weil ihm die Mittel des wirtschaftlichen Drucks, Sperren und Blockaden, ›economic pressure‹, ausreichend erscheinen, um jeden Widerstand zu brechen« (Schmitt 1995 [1941]: 420).

Der Walfang selber, die Vorherrschaft der britischen Schiffe in ihm, spiegelten diese internationale Konstellation und den kolonialen Kontext zwischen ›Freiheit der Meere‹ und ›Herrschaft über die Wellen‹ wider. Schon im Ersten Weltkrieg hatte er den Briten einen wichtigen militärischen Vorteil verschafft. Der britische Walfang ging von der südatlantischen Insel South Georgia aus, die zu den Falklands gehörte (Headland 2009). Die britischen Ansprüche über die Insel begründeten sich auf das Jahr 1775, als Kapitän Cook auf einer seiner Fahrten sie für die Krone in Besitz genommen hatte. Jedoch hatten die Briten bis Anfang des 20. Jahrhunderts keinen Versuch einer ›effektiven Okkupation‹ dieser unwirtlichen Insel unternommen (Burnett 2012: 18). Das änderte sich, als das Hydrogenisierungsverfahren es möglich machte, Walfett in der Margarineproduktion einzusetzen, und als eine technische Fortentwicklung der Harpunen die Jagd auf Blau- und Pottwale bedeutend erleichterte (Toennessen/Johnsen 1982). Im Ersten Weltkrieg wurde Walfett aber nicht nur für die Ernährung bedeutsam, sondern auch für die nationale Munitionsproduktion: »without whale oil the [British] Government would have been unable to carry out both its food and munition campaigns [...]. British control in the Falklands meant that 600,000 barrels of whale oil came into England during the war at less than £ 40 a barrel; by contrast, German glycerin producers were able to secure only small lots and were known to have paid as much as £ 300 a ton« (Burnett 2012: 92–93, Fn. 144).[86] Zudem profitierte Großbritannien von der Lizensierung des südatlantischen Walfangs. Eine deutsche Expedition zu den Falkland-Inseln war 1914 gescheitert.

Deutschlands (und Japans) Rückkehr zum Walfang in den späten 1930er Jahren muss im Kontext der Kriegsvorbereitungen gesehen werden (Sparenberg 2012), aber nun dominierten ernährungspolitische Überlegungen über Fragen der Munitionsproduktion (Brandt 1939, 1940). Deutschland war seit langem auf den Import von Ernährungsfetten angewiesen: »On the eve of the First World War, imperial Germany consumed about one million tons of vegetable and marine fats and oils, of which about forty percent had to be imported. This dependence on foreign supplies proved disastrous after the outbreak of hostilities when exports [...] to Germany were interdicted« (Scholl 1991: 44).[87] Während des Krieges reduzierte sich der Fettkonsum der deutschen Bevölkerung drastisch: »It was the shortage of meat and fat, and not lack of energy as such, that was most keenly felt« (Offer 1991: 51). Dieser Mangel war Folge der Seeblockade. Im Jahre 1918 waren Deutschlands Importe im Vergleich zum Vorkriegsniveau um vier Fünftel geschrumpft (Offer 1991: 61–62). Die Hungerblockade der Alliierten trug substantiell zum Zusammenbruch der Heimatfront bei, und die Alliierten, zu einer Besetzung des Landes nicht bereit und willens, setzten die Blockade auch nach Kriegsende fort, als Druckmittel während der Versailler Verhandlungen, so dass auch Krieg und Frieden nicht mehr als klar voneinander getrennte Phänomene erschienen, sondern der Frieden eher wie eine auf Dauer gestellte Polizeiaktion, beide zunehmend unterschiedslos, unkonturiert, ein ins andere übergingen und sich überblendeten. Krieg, Hunger, Niederlage, der Versailler Vertrag mit seinem ›diskriminierenden Kriegsbegriff‹ – alles dieses schien aus deutscher Sicht unauflösbar und traumatisch miteinander verbunden.

In der Zwischenkriegszeit hatte sich Deutschlands Importabhängigkeit hinsichtlich von Nahrungsmitteln und

Rohstoffen nicht verringert, im Gegenteil: Der Anteil importierter Fette hatte sich bis zum Jahr 1932 sogar auf 57 % erhöht. Hauptsächlich wurde der Fettbedarf durch norwegisches Walöl gedeckt. Im Jahr 1935 war Deutschland zum weltgrößten Walölkonsumenten geworden (Scholl 1991: 49). Während der Weltwirtschaftskrise war der Margarinekonsum enorm angestiegen, denn sie war um etwa 80 % billiger als Butter, und 30 bis 35 % ihres Fettgehalts wurde aus Walöl gewonnen.

Nach der nationalsozialistischen Machtergreifung machte sich das Regime umgehend daran, die deutsche Landwirtschaft zu fördern und Deutschlands Abhängigkeit von Lebensmittelimporten zu reduzieren. Dabei schien der Aufbau einer nationalen Walfangflotte mehrere Probleme zugleich zu lösen: etwa die hohe Arbeitslosigkeit unter den norddeutschen Werftarbeitern, der Rohstoffmangel bei der heimischen Margarineproduktion, und die Knappheit von Fremdwährungen. Walöl wurde alsbald ein zentrales Zahlungsmittel in einem komplizierten Tauschnetzwerk. Die Nationalsozialisten hatten der deutschen *Unilever*-Tochter den Gewinntransfer an ihre britisch-niederländische Muttergesellschaft untersagt. Sie setzten den Konzern unter erheblichen Druck, diese Gewinne – in einem jährlichen Umfang von ca. zwei Millionen Pfund – in Deutschland zu reinvestieren, und zwar vornehmlich im Schiffsbau. So wurde *Unilever* schnell zum größten Kunden deutscher Werften – im Jahr 1935 war *Unilever* allein Auftraggeber von 32 % aller im Bau befindlichen deutschen Schiffe! Aber *Unilever* hatte keine wirkliche Verwendung für alle diese Schiffe, und verkaufte sie daher in großer Zahl an norwegische Walfängergesellschaften, und ließ sich im Gegenzug in Walöl auszahlen, das für die heimische Margarineproduktion verwendet wurde. Zur gleichen Zeit importierten auch offizielle deutsche Stellen norwegisches Walöl im Tausch für Kapitalgüter und Dienstleistungen, unter anderem für Schiffe oder deren Instandhaltung in deutschen Werften. Schließlich bestellten norwegische Walfanggesellschaften Fangschiffe von deutschen Werften, deren Bau von *Unilever* finanziert wurde, das im Gegenzug mit Walöl beliefert wurde, das es für die deutsche Margarineproduktion nutzen konnte: »whale oil had become a kind of international currency in a three-cornered transaction« (Toennessen/Johnsen 1982: 412). Kurzzeitig hatten deutsche Margarinehersteller erwogen, ob Plantagen in Afrika sie mit dem benötigten (Pflanzen-)Fett versorgen könnten, aber der im Versailler Vertrag festgeschriebene Verlust aller Kolonien bewog die deutschen Unternehmer stattdessen, für den Walfang »auf offener See unter deutscher Flagge« zu optieren (Scholl 1991: 51).

1936 schließlich zwang das Regime *Unilever* – mit der Drohung, die deutsche Tochter völlig von Rohstoffen abzuschneiden oder sie gleich ganz zu verstaatlichen –, den Aufbau einer deutschen Walfangflotte zu finanzieren. Diese Flotte sollte nun endlich die ausreichende Versorgung deutscher Margarineproduzenten mit Fett, das heißt mit Walöl, gewährleisten. Auch wenn Deutschland in den drei Jahren seiner Walfangaktivitäten es nie schaffte, hinsichtlich der Fettproduktion vollständige Autarkie zu erreichen, halfen die 33.000, 92.000 und 87.000 Tonnen Walöl aus den Fangsaisons 1936/37 bis 1938/39 erheblich dabei, seine Importabhängigkeit zu verringern und seine Währungsreserven zu schonen. Mit einer eigenen nationalen Bezugsquelle für Walöl konnte Deutschland auch die norwegischen Produzenten preislich unter Druck setzen. Insgesamt führte Deutschland in diesem Zeitraum weiterhin jährlich 160.000 Tonnen Walöl ein, völlige Selbstversorgung mit Fetten wurde also nie erreicht, bevor der Beginn des Kriegs Deutschlands Aktivitäten im Südatlantik beendete (Brandt 1948).

Im Zusammenhang mit diesen Autarkiebestrebungen stehen die Versuche des nationalsozialistischen Regimes, eigene Territorialansprüche in der Antarktis zu begründen, die vor allem der Einrichtung einer eigenen Landstation für den deutschen Walfang dienen sollten, so dass man unter anderem Konzessionszahlungen an die Briten zukünftig würde vermeiden können. Zu diesem Zweck wurde 1938 die bekannte Neuschwabenland-Expedition in die atlantischen Sektoren der Antarktis ausgerüstet (Lüdecke/ Summerhayes 2012; Stunz 2013) – ein Vorhaben, das aus US-amerikanischer Sicht als Verletzung der Monroe-Doktrin interpretiert wurde.[88] Wenn auch die Begründung eigener Territorialansprüche in der Antarktis durch die Nazis erfolglos blieb (Keller et al. 1967 [1938]), bezeichnenderweise sollten durch aus einem Flugzeug abgeworfene Stangen mit aufgeschweißten Hakenkreuzen ein abgetrenntes Gebiet markiert werden, so erinnert doch bis heute der Umstand an die Neuschwabenland-Expedition, dass ein antarktisches Bergmassiv, das Wohlthat-Massiv, nach einem hochrangigen Beamten des nationalsozialistischen Wirtschaftsministeriums benannt ist (Alberts 1995; Bundesamt für Kartographie und Geodäsie 2013), dem Ministerialdirektor Helmuth C. Wohlthat, der ab 1938 als Staatssekretär in der Behörde des Vierjahresplans unmittelbar den Weisungen Hermann Görings unterstand:[89] Nahme und Name. Wohlthat hatte unter anderem im Jahr 1936 den Kauf von 151.000 Tonnen Walöl aus norwegischer Produktion veranlasst (Scholl 1991). Er war zuvor im Reichsernährungsministerium und als Leiter der Reichsstelle für Milcherzeugnisse, Öle und Fette tätig gewesen[90] und spielte auch eine zentrale Rolle bei der Initiierung und Finanzierung der Neuschwabenland-Expedition (Lüdecke/Summerhayes 2012: 35–36; Wohlthat 1938). Wohlthat verhandelte schließlich in den Jahren 1938/1939, dem Jahr der Antarktis-Expedition und im erweiterten Kontext der Konferenz über eine neue Walfangkonvention (vgl. Mutzmacher 1966: 376–377), in London und Berlin den sogenannten *Rublee-Wohlthat-Plan*, der die erzwungene Emigration aller Juden deutscher Staatsbürgerschaft im erwerbsfähigen Alter mit dem Ziel Madagaskar innerhalb von fünf Jahren vorsah – jedoch nie ratifiziert wurde und mit dem Beginn der Vernichtungsaktionen der Nazis gegenstandslos wurde (Brechtken 1998; Jansen 1997; Mutzmacher 1966). Schmitt zitierte Wohlthats Veröffentlichungen zum entstehenden europäischen Wirtschaftsgroßraum unter deutscher Vorherrschaft (Schmitt 2009 [1941]: 13, Fn. 3). Der Ministerialdirektor wurde später im Ministerium auch zuständig für die wirtschaftliche Integration des besetzten Rumäniens und der besetzten Niederlande.[91]

Als schließlich der Krieg ausbrach, endete der deutsche Walfang abrupt. Auch die norwegischen und britischen Fangaktivitäten kamen zum Erliegen. Deutsche U-Boote versenkten 27 Walfangschiffe, 12 weitere wurden als Prise aufgebracht und nach Bordeaux geschleppt. Zur Prise gehörten mehr als 60.000 Tonnen Walöl. Für sehr kurze Zeit gab es ein deutsches Walölmonopol – »until the British intervened with their military« (Stunz 2013: 86, En. 179).

Wohin führt uns der Walfisch?

In welchem Zusammenhang steht für Schmitt die neue internationale, wirtschaftliche wie politische Ordnung, die hier am Beispiel des Walfangs skizziert wurde, mit dem Ende des Nationalstaats?

In dem Beitrag *Staatliche Souveränität und freies Meer* aus dem Jahr 1941 adressiert Schmitt explizit den Zusammenhang zwischen nationaler und internationaler Ebene. Er notiert die »erstaunliche Verbreitung humanitärer Ideen« und des Erfolgs der »Verfassungsbewegung des liberalen Konstitutionalismus [als] das typische Vehikel englischen Einflusses auf dem Kontinent«. Und fährt fort:

> Weltpolitisch gesehen sind die in allen europäischen Völkern auftretenden liberalen und konstitutionellen Strömungen, bewußt oder unbewußt, Instrumente der englischen Weltpolitik. Der Konstitutionalismus insbe-

> sondere findet seinen weltpolitischen Sinn darin, daß innerhalb jedes konstitutionellen Staates sowohl die Wirtschaft wie die Presse, d. h. die Bildung der öffentlichen Meinung, staatsfreie Sphären, d. h. Sache privater Unternehmer sind, die sich über die staatlichen Grenzen hinweg auf dem ›freien‹ Weltmarkt und in der ›freien‹ Weltpresse treffen (Schmitt 1995 [1941]: 420–421).[92]

Die technologische und kapitalistische Entwicklungsdynamik verwandelt bei Schmitt den »positivisme jurisinternationaliste du status quo« und den »constitutionalisme étatiste« in Waffen einer spezifischen Herrschaft, erst des britischen Empire, dann später des US-amerikanischen Hegemon (Feuerbach 1988). Der Staat als konkrete, territorial gebundene Herrschaftseinheit verliert seine vorherrschende Stellung. Für Schmitt gibt es immer einen engen Zusammenhang zwischen einem spezifischen Raum, einem spezifischen Volk, und einer vorherrschenden politischen Ordnungsidee. Hobbes symbolischer Fehlschlag erklärt sich dann daraus, dass seine »Begriffe der konkreten politischen Wirklichkeit Englands […] widersprachen« (Schmitt 1982 [1938]: 131). Mit dem Bild des Leviathan »hat er sich vergriffen« (Schmitt 1982 [1938]: 130).

Die Hegemonie ist vollkommen, wenn ein Volk es vermag, dem anderen sogar sein Vokabular aufzuzwingen. Dieses Vokabular reflektiert nach Schmitt immer auch eine räumliche Ordnung. Die politische Idee, die dem *Britannia rules the waves* entspricht, ist der Universalismus. Sein heimisches Komplement ist der Pluralismus, der auf der Verteidigung individueller Freiheitsrechte gegenüber staatlichen Eingriffen basiert. Und wer ist der prominenteste Proponent dieser Rechte? Schmitts Antwort auf diese Frage fällt antisemitisch aus: es ist vor allem der staatenlose, heimatlose, ›ewig wandernde‹ Jude. Aus Schmitts Perspektive ist der Jude assoziiert mit »placeless liberal positivism, which posited norms that could be applied anywhere, with no attachment or locality. [...] Jewish (diasporic) existence had not natural relationship with concrete land or ground, thus emptying out the concept of territority« (Legg 2011: 5). Für Schmitt zerstört der ortlose jüdische Gedanke den natürlichen Zusammenhang aus Ordnung und Ortung.

Dies alles ist zugleich Teil seiner umfassenderen Geschichtsphilosophie. Schmitt notiert 1956: »Die Weltgeschichte der Menschheit entwickelt sich: von der Landnahme über die Seenahme zur Industrie-Nahme; darüb. zur Raum-Nahme« (Eintrag vom 15.2.56, Schmitt 2015 (1991): 340). Dem entspricht der Wandel in dem, was der Leviathan repräsentiert. Bei Hobbes waren alle Dimensionen noch gleichzeitig präsent: (sterblicher) Gott, mythisches Tier, großer Mensch, Maschine. Geschichtlich differenzieren sich aber diese unterschiedlichen Bedeutungsdimensionen aus im langen historischen Prozess vom 16. bis zum 20. Jahrhundert, den Schmitt als fortwährenden Prozess der Neutralisierungen und Entpolitisierungen beschreibt. Dieser Prozess schreitet vom Theologischen, zum Metaphysischen, zum Moralischen, zum Ökonomischen und schließlich zum Technologischen (Schmitt 1929 [1988]). Das Spirituelle und das Spatiale sind in diesem Prozess eng miteinander verwoben, wie der Begriff *Kampfgebiete* schon anzeigt: »Immer wandert die europäische Menschheit aus einem Kampfgebiet in neutrales Gebiet, immer wird das neu gewonnene neutrale Gebiet sofort wieder Kampfgebiet und wird es notwendig, neue neutrale Sphären zu suchen« (Schmitt 1929 [1988]: 128). Entsprechend wandelt sich der Wal von einer biblischen Gestalt, zu einem mythischen Tier, wird dann zu einem existentiellen Gegner (wie in Melvilles *Moby Dick*), und schließlich zu einem industriell abgeschlachteten Opfer der kapitalistischen Expansion und des technologischen Fortschritts (›der arme Leviathan‹): »Das Interesse der ökonomischen Welt an diesen herrlichen Tieren ist das einer Abdeckerei« (Kiesel 1999: 127; Brief Jüngers an Schmitt, 28.8.1941).[93]

Diesem Entwicklungsgang wiederum entspricht das Schicksal des Staates: Er entsteht aus den religiösen Kriegen, ist also Nachfolger der *res publica christiana*, verwandelt sich in einen *magnus homo* von mythischer Größe, den das Leviathan-Frontispiz so klassisch repräsentiert, wird aber letztlich von den indirekten Gewalten zur Strecke gebracht – Gewalten, die ihre Existenz zumeist überhaupt erst der neuen kapitalistischen Weltordnung verdanken.

Der Krake

Was diese kapitalistische Weltordnung anbetraf, so war der imperialistische Kontext des ›Freihandels‹ auf dem ›freien Meer‹ mit seinem oftmals mit militärischen Mitteln erzwungenem Marktzugang schwer zu leugnen, und dass die Synthese von Handelskapitalismus und Kolonialismus in hybriden Unternehmungen wie der britischen *East India Company*, der holländischen *Vereenigde Oostindische Compagnie* oder, für Schmitt zeitnäher, der belgischen Kongo-Gesellschaft oder der britischen *National African Company*, unter dem Banner von Freihandel und des *mare liberum* segelte, konnte den machtpolitischen Vorgang und die Gewalttätigkeit des Ganzen nicht zum Verschwinden bringen. Die *chartered company* des 17. Jahrhunderts als vom Staat lizensierter Kolonialisierungsakteur erlebte nun ihren Wiederaufstieg unter Bedingungen, in denen der politische Wille und auch das militärische Vermögen der direkten Etablierung von Kolonialherrschaft gering geworden, dass Interesse an *effective exploitation* ohne *effective occupation* jedoch ausgeprägt geblieben war (Flint 1988). Die neuen globalen Inbesitznahmen spielten sich deswegen ab in den neuen Indifferenzzonen zwischen Staat und privater Wirtschaft, für Schmitt der Beweis, dass sich nun tatsächlich die indirekten gesellschaftlichen Gewalten des Staates vollständig bemächtigt hatten. Zentrale Akteure in diesem globalen

Aneignungsprozess waren Privatrechtsgesellschaften, die vom jeweiligen Mutterland mit Hoheitsgewalt beliehen, mit subkontrahierter Souveränität (Armitage 2005; Flint 1988), im Auftrag des kolonialen Expansionsinteresses der Nation handelten: Privateering, privatus im Sinne von geraubt, von genommen, prendre, Prisenrecht, Nehmen und Nahme. Die Ordnung, die sich hier etablierte, basierte auf einer gewalttätigen Landnahme, die ihre ursprüngliche religiöse Begründung zunehmend vergaß und sie mit einer rein ökonomischen substituierte, auch wenn das Motto, das hierfür bemüht wurde, immer noch lautete: »Christianity plus Commerce equals Civilization« – »a fourth C, ›Colonialization‹, was conspicious by its absence« (Flint 1988: 73).

Charakteristisch für die neue Konstellation des *cujus economia/industria, ejus regio* waren die Indifferenzzonen zwischen Staat und kapitalistischer Unternehmung. Die neuen Zwitterwesen aus kapitalistischer und staatlicher Macht gedeihen insbesondere in den Niederlanden oder dem Vereinigten Königreich, Staaten mit ohnehin »geringer Kerbung«, die sich sowieso schon im Zustand einer »halb-aquatischen Existenzform« befanden (Vogl 2015: 115), und sich, in der Londoner ›City‹ oder der Amsterdamer Börse, sehr früh den ›Wellenschäumen der Spekulation‹ eines neuen Finanzkapitalismus öffneten. Es sind Länder, die durch einen besonderen Prozess der Dekolonialisierung ihres vormaligen Kolonialbesitzes, nämlich dem der Staatensukzession, und zwar genau der Staaten, die sie zuvor kolonial überhaupt erst geschaffen hatten, fluide globale Kapitalverhältnisse festschrieben. So liest sich eine heutige Karte des *off-shore* für jegliche Gelder zweifelhafter Herkunft von Hongkong, Singapur, Bahamas über die Cayman Islands etc. wie ein Palimpsest einer britisch-niederländischen Kolonialkarte – überschrieben mit »proliferierenden Enklaven und Exklaven, […] wandernden Wirtschafts- und Handelszonen, privatisierten Währungsgebieten und Netzwerken« (Vogl 2021: 113–114), mit Scheinfirmen und abenteuerlichen Holdingstrukturen, alle erdacht, dem Staat, seiner Besteuerungskapazität und Regulierungshoheit zu entfliehen (dabei aber weiterhin den gesetzlichen Schutz von Eigentumsrechten zu genießen).[94] Der Gegensatz von Land und Meer hat sich in den von onshare und off-share übersetzt.

In seiner religiösen Dimension ist diese Globalentwicklung bei Schmitt zunächst gar nicht mit dem Judentum konnotiert, sondern – wie ja auch bei Weber – mit dem Protestantismus, als Welteroberung durch die reformierten protestantischen Sekten (u. a. sinnfällig werdend in der Abfolge der völkerrechtlich dominierenden Denker, vom spanischen Vitoria zum niederländischen Grotius [oder englischen Selden]). Protestantismus ist ja aber selber nur eine Phase in einem Säkularisierungsprozess, durch den jeder Bezug auf die *res publica christiana*, die für die katholische Welteroberung noch die zentrale Legitimationsfigur dargestellt hatte, schließlich entfällt. Es entfällt damit auch die Bindung an das europäische *ius gentes*, somit auch die spezifische Raumbindung der neuen Ordnung (in seiner Privat-Etymologie hält Schmitt es gar für ausgemacht, dass Rom und Raum auf denselben Wortstamm verweisen). Erst im weiteren historischen Verlauf kommt für Schmitt dann eine für ihn mit dem Judentum assoziierte Vorstellung des universalen, ortsungebunden Rechts ins Spiel – als Komplement einer ortsungebundenen, globalen Ökonomie (»For Schmitt, Judaism = liberal universalism« [Hooker 2009: 58]). Es ist damit für Schmitt auch klar, dass der protestantische Geist des Kapitalismus bereits im 17. Jahrhundert, nicht erst im 19. aus der Flasche gelassen wurde, in dem Versuch der Akkommodierung des religiösen Schismas – das ist schließlich die zentrale These seines *Leviathan*-Buches (Schmitt 1982 [1938]) – durch eine Art Privatisierung der Religion, der Verwandlung von *faith* in *confession*. Der Glauben wird in die »Privatsphäre, den Innenraum des Staates, abgedrängt«, der Bürger in zwei Hälften gespalten, »den inneren und den äußeren Menschen. An die Stelle der Glaubensspaltung tritt also eine neue

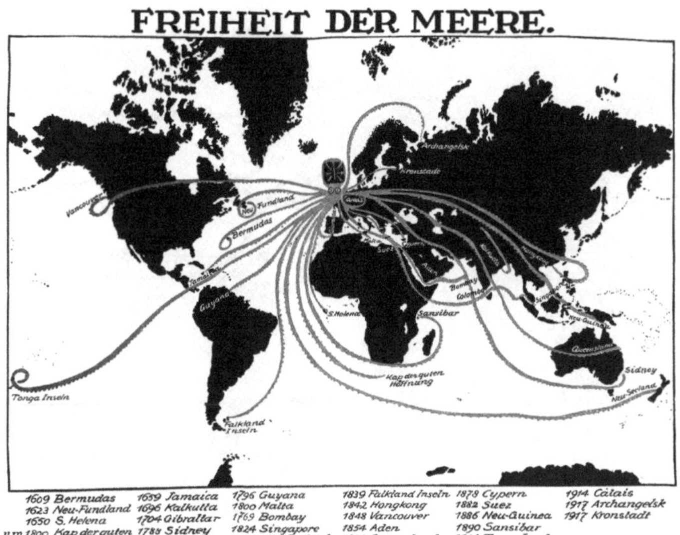

Abb. 4: Freiheit der Meere (Damler 2016; Fredona/Reinert 2020).

politisch bedingte Spaltung zwischen innen und außen« (Schmidt 2009: 265). Dies ist für Schmitt die ursprüngliche Freisetzung, der Ursprung aller anderen verhängnisvollen Freisetzungen, die dann noch folgen sollten. Die Religion der Moderne ist die des Privaten (siehe oben, Kapitel 2). Wenn das Religiöse privat wird, wird das Private religiös.[95]

Das richtige mythische Seetier für den angelsächsischen Weltkapitalismus wäre aus dieser Sicht der Krake, nicht der Wal (Damler 2016; Fredona/Reinert 2020; Lindemann 2021). Der globale Konflikt wurde von beiden Seiten rekonstruiert als Kampf politischer Mythos-Tiere des Meeres und ihrem ›agonalen Kräftemessen‹. In der US-amerikanischen Militärpropaganda erschien der Nazi-Staat als großer Leviathan, der im Begriff war, Großbritannien zu verschlucken (siehe oben, Abb. 3). In der deutschen Propaganda war die englische Seemacht die alles umfassende Krake, die im Begriff war, das Deutsche Reich zu ersticken (Bredekamp 2009; siehe Abb. 4).

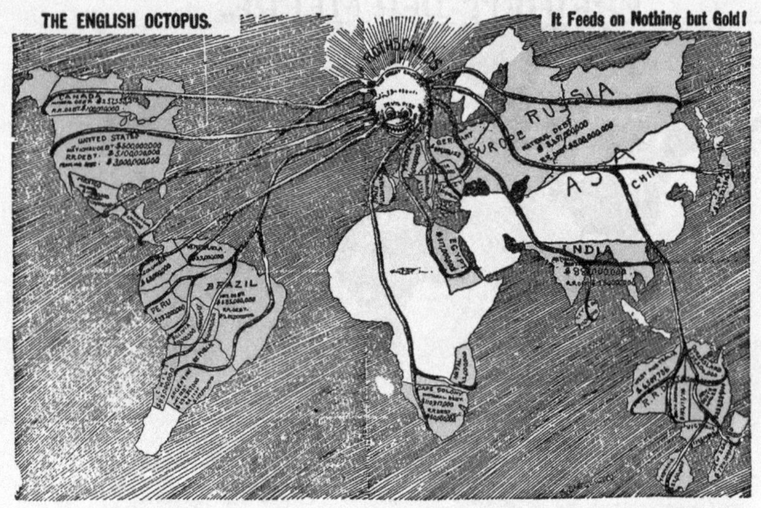

Abb. 5: Karte aus William Hope Harvey, *Coin's Financial School*, Chicago 1894 (siehe Damler 2016: 75).

Dass dieses deutsche Bild einen US-amerikanischen Cartoon mit klar anti-semitischer Botschaft zum Vor-Bild hatte (Abb. 5), mag als ironischer Nebenaspekt erscheinen in der gesteigerten Zirkulation der Ideen und Bilder, die die Bedrohung durch die gesteigerte Zirkulation der Waren und des Kapitals thematisierten – die Krake als globalisierte Metapher der Globalisierung (Lindemann 2021: 15–16).

Als Variation dieser Variation eines US-amerikanischen Cartoons von 1894 mit klar antisemitischer Einfärbung (siehe Abb. 5)[96] restituierte nun gut zwanzig Jahre später ein weiteres Nachfolgebild im Stürmer machtvoll den ursprünglich antisemitischen Gehalt (siehe Abb. 6).

Im Bild der Krake überblenden sich Navigationskarten mit Segelrouten und Wasserströmungen, Kolonialkarten, die die wirtschaftlichen Beziehungen zwischen Kolonie und Mutterland abbildeten als Visualisierung des »octopus grip of European trade«,[97] Darstellungen von Konzernverschach-

Abb. 6: Das Judentum als Krake, ca. 1938, Zeichner: Seppla (Josef »Sepp« Plank); (siehe Damler 2016; Lindemann 2021: 10).

telungen und internationalen Firmenverflechtungen, die den Verdacht transportieren, diese Trusts, multinationale Konglomerate, würden die Welt beherrschen oder sich doch zumindest zur Weltherrschaft anschicken – ›Weltkonzerne und Weltverschwörung‹ (Damler 2016) – und schließlich mit Darstellungen der Warenströme auf den ›Hauptverkehrswegen des Welthandels‹ (Hennig 1909, 1913). Alles dies verdichtete sich nicht nur zur Wahrnehmung einer neuen Handelsgeographie, sondern zu einem neuen Syndrom von Bedrohung und Abhängigkeit, von außen und innen, fest und flüssig, dem imperialen Zentrum und – an den langen Tentakeln hängend – die koloniale Peripherie, vermittelt über lange Lieferketten und neue Verkehrsstraßen.

Das Bewusstsein der ›planetarischen Raumrevolution‹ mit ihrer geopolitischen Problematik ökonomischer Abhängigkeiten war zu Beginn des 20. Jahrhunderts, zur Hochzeit der ersten Welle der Globalisierung, zunehmend kapitalistisch unterlegt – zugleich zeigte die neue »weltwirtschaftliche Raumstruktur« eine »maritime Orientierung« (Peter E. Fäßler, zitiert nach Lindemann 2021: 28). Das Molluskenhaft-Amorphe dieses globalen Kapitalismus und die Formlosigkeit des Empire drängten nach einem spezifischen Bild, nach dem Bild des Kraken als einem »Monster [...] mit elastischer, beliebig nachgebender Hülle« (Michelet, *Das Meer*, 1861, zitiert nach Lindemann 2021: 37). Die neuen Verhältnisse verlangen nach neuen Bildern, nach »squid imagery«: »From stateless financial capital to multinational corporations acting like states on the world stage, such forms of sovereignty are an essential feature of the global politics we are now living. These forms are not new, nor is their emblem: the Kraken« (Fredona/Reinert 2020: 167).

Das Bewusstsein von den machtpolitischen Konsequenzen dieser neuen internationalen Arbeitsteilung für die europäische Staatenkonkurrenz paarte sich mit einem nun gerade im Entstehen begriffenen kreislaufökonomischen Verständnis von den Determinanten wirtschaftlichen Wachstums, das auch durch die kriegswirtschaftlichen Erfahrungen im Ersten Weltkrieg befördert worden war (Friedrich 1911; Hennig 1909, 1913; Wagemann 1917, 1923), der letztlich als globaler Wirtschaftskrieg entschieden wurde und auf deutscher Seite zur Überzeugung ›die Wirtschaft ist unser Schicksal‹ geführt hatte. Bezeichnenderweise in »Form eines Schlangenschemas« (Wirsing 1942: 46), versuchte eine deutsche Propaganda-Karte des Zweiten Weltkriegs »die Abhängigkeit der britischen Insel von überseeischen Zufuhren« deutlich zu machen und bildete die Warenströme ab, die es nun zu unterbrechen galt, was auf der Karte aussieht wie Tentakel, *the octopus grip of trade*, die es nun abzutrennen galt (siehe Abb. 7). Auf beiden Seiten entwickelte sich

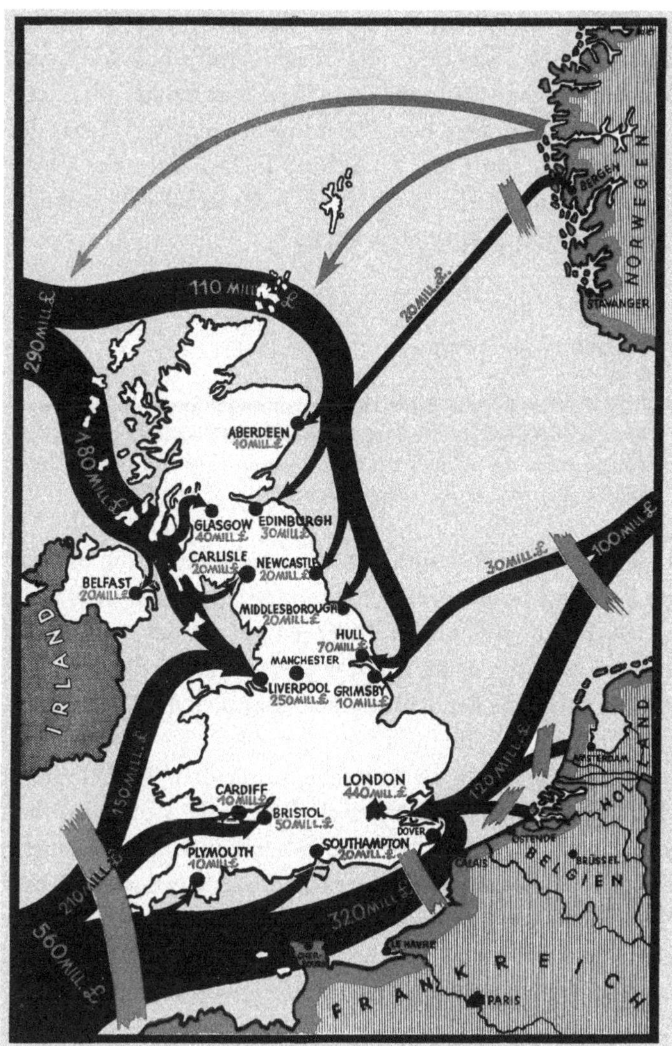

Abb. 7: Handelsströme und Handelsblockade (Wirsing 1942).

ein Bewusstsein von der Amalgamierung aus Geopolitik und der Geo-Ökonomie der neuen Ordnung, der neuen wirtschaftlichen Kriegsführung und den neuen, ökonomischen wie biopolitischen Strömungslehren (vgl. Beveridge 1939). Für Schmitt war Churchill »doch nicht mehr als der Schlangenzahn des Britischen Weltreiches« (Tagebucheintrag vom 21. September 1943).[98]

Geheimnisvolle Bahnen

> »The old river in its broad reach rested unruffled at the decline of day, after ages of good service done to the race that peopled its banks, spread out in the tranquil dignity of a waterway leading to the uttermost ends of the earth.« (Joseph Conrad, *Heart of Darkness*)

In diesem Kampf waren die Linien, die *lanes*, die *derrotas* und *caminos*, die Korridore, die *highways of the seas* (Cole 1918), die dem blanken Meer eingezeichnet, eingekerbt wurden (Benton 2010, chapter 3), nicht mehr die der Wale, sondern nun die der Schiffe – zu denen sich im Krieg die ›geheimnisvollen Bahnen‹ ihrer Jäger gesellten, die der deutschen U-Boote, die die britische, unter dem Titel ›Freiheit der Meere‹ firmierende Herrschaft über die Wellen brechen sollten. Dem entsprachen auf höherer Ebene der Betrachtung die Warenströme, die es zu unterbrechen galt. Und diese Warenströme waren wiederum nicht unabhängig von den Wasserströmungen, die unter ihnen her verliefen und von den Walen ursprünglich angezeigt worden waren (siehe Lüttge 2020). So bildete sich eine neue globale ökonomische Hydrodynamik. Das kalte Wasser, das mit höherer Dichte schwerer wird und in die Tiefe sinkt, das warme, leichtere, das ständig zugeführt wird – aus der Weddel-See, dem südatlantischen Treffpunkt der Wale und damit dem Ziel der europäischen Walfangflotten, entstehen die atlantischen Strömungen, denen die Wale folgen, und deren Rätsel erst im Zusammenhang mit den militärischen Forschungen über die temperaturabhängige Verbreitung des Schalls im Wasser als einer der zentralen Fragen des neuen U-Boot-Krieges gelöst wurden (Oreskes 2021, chapter 2).

Die neuen Linien der Schiffe markierten unterschiedliche ökonomische Beziehungen und Abhängigkeiten.[99] Und mit den ›Seestraßen‹ und Verkehrswegen kreuzten sich auch unterschiedliche Jurisdiktionen, unterschiedliche Rechtsmaterien – Handels-, Privat-, Kriegs-, Prisen-, Völkerrecht, die die Konfliktparteien zu ihrem jeweiligen Vorteil und zur Verteidigung ihrer jeweiligen Strategien ins Feld führten und ausweiten und verfestigen wollten (vgl. Murphy 2005; Sexton 2011) – ein wildes, plurales ›*crisscross*‹ der Rechtskorridore (Lauren Benton). Die juristischen Einkerbungen waren aber nun nicht mehr kollektive Abgrenzungen von Einflusszonen, *Lignes des Amitiés et Alliances*, *rayas* (Fisch 1984; Vismann 2012 [1995]), sondern bildeten eben eine neue Infrastruktur aus Recht und Ökonomie und Gewalt. Die »sea-lines, air-lines, pipe-lines« – Linienführungen zur See, in der Luft, unter der Erde – legen eine neue Rasterung großtechnischer und globalwirtschaftlicher Art über die Welt, und ändern mit ihren Eisenbahnstrecken, großen Kanalprojekten, Landgewinnungen und transatlantischen Telegraphenkabeln den Raum selber, in dem das Recht gilt und der neue Mensch sich bewegt, legen aber auch eine Infrastruktur der Macht über die Welt, aus den Zentren in die Peripherie: im Falle des britischen Empire Verkehrslinien, aufgehängt zwischen Militärstützpunkten, Handelsstationen und ›Vertragshäfen‹, die der – notfalls gewaltsamen – Öffnung des fremden Landes, als Eintrittskanal für Strafexpeditionen und Waren dienen.

Gegenüber dem »imperialen Gestus des Linienziehens«, der die Welt nur als »*blank space*«, als »aufzuteilendes Land und beschriftbares Terrain« oder eben als Verkehrsraster verstehen kann (Vismann 2012 [1995]: 302), ist die einzige richtige juristische Betrachtungsweise laut Schmitt jene, die grundsätzlich nach dem jeweiligen Bezugspunkt fragt, nach dem Ausgangs- oder ›Zurechnungspunkt‹[100]: qui tenet, qui interpretabit? Auf welchen Punkt verweist die Linie? Was ist Zentrum, was Peripherie – und vor allem: wer legt das fest? Jenes Recht zur Sicherung britischer Verkehrswege ist also zurückzuverfolgen auf die hinter ihm liegende konkrete politische Ordnung. Es zeigt sich für Schmitt aufs Neue eben jener Zusammenhang zwischen einer spezifischen politischen Existenzform und ihrer konkreten Rechtsform als Partikularität dieses vorgeblichen Universalismus. Im Dienste des britischen ›Streubesitzes‹, im Dienste der »Sicherung der Verbindung der verstreuten Teile des Empire«, war es für Schmitt völlig folgerichtig, dass die Juristen dieses Völkerrechts »statt in Räumen, in Straßen und Verkehrswegen« denken mussten (Schmitt 2009 [1941]: 35). Für ihn waren die Versuche, die Verkehrswege zu rechtlichen Indifferenzzonen zu machen, ihre Neutralisierung zu erklären, und diese Neutralisierung mit einer globalen Polizeikraft zu überwachen und zu garantieren, Angriffe auf sie als völkerrechtswidrig zu deklarieren, nichts anderes als die partikulare Position einer am Status quo-Erhalt interessierten Partei, und Vorstellungen, das offene Meer könne sowohl Austragungsort kriegerischer Auseinandersetzung sein wie zugleich auch neutraler Ort des *doux commerce*, »the sea as the common field of war as well as commerce«, »the sea as enemy and friend« (Oakeshott 1962: 60), intensiv ideologisch.[101] Als grundsätzlich umkämpft waren diese Linien selbst Niemandsland, wie jenes Gebiet zwischen den Schanzungen und Schützengräben im Stellungskrieg des Ersten Weltkriegs, statt dass sie – als *radical title* eines *jus publicum europaeum* – selbst von sich ein rechtliches Niemandsland abgegrenzt hätten. Statt dem ›beyond the line no peace‹ des europäischen Völkerrechts als Definition einer Sphäre ohne Herrschaft und Rechtshoheit (Fisch 1984; Schmitt 1997 [1950]) waren diese Linien selber Austragungsort miteinander in Konflikt stehender Ordnungen, ihres agonalen Kräftemessens. Wer immer hier siegte, war damit

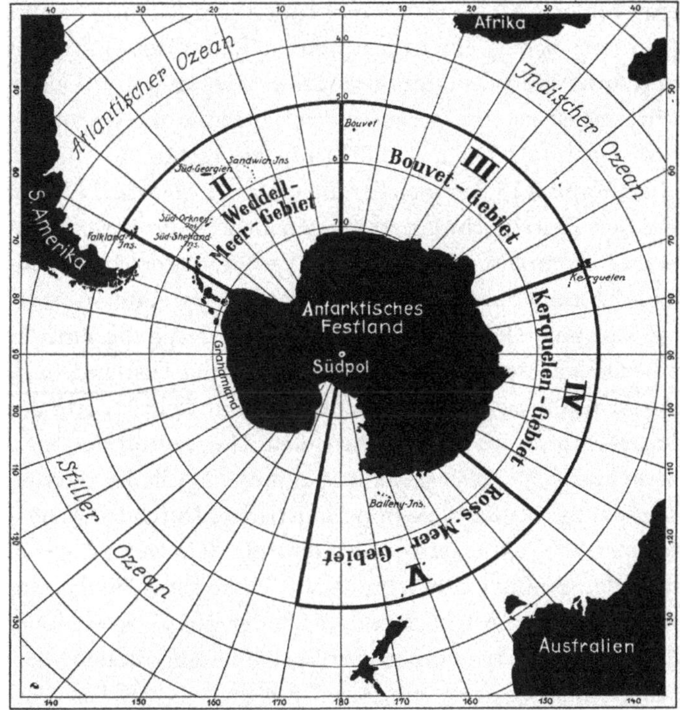

Abb. 8: Die Fangfelder des antarktischen Hochseewalfanges (Peters 1938: 16).

in die Position versetzt, neue Linien zu ziehen, nämlich die zwischen Recht und Verbrechen, *business* und Piraterie. Die Suezkrise 1956 beendete dann das Primat einer globalen Sicherung britischer Verkehrswege, kreierte die neuen Einflusszonen des Kalten Krieges und verlieh jenem Projekt der De-Kolonisation einen enormen Schub, das die innige Verbindung vorherrschender völkerrechtlicher Neutralitätsvorstellungen und der kolonialen Expansion nochmals, und sei es nur in ihrem Auflösungsprozess, offenbarte.

Die Linien verlängerten aber auch die Verräumlichung des Rechts: Die »Metapher vom Gesetzeshüter« bedeutet, »dass das Gesetz, wenn es denn gehütet wird, eine Tür besitzen muss« (Schmidt 2009: 11). Aber das »markiert dadurch ein Problem: Als konkrete Institution und Setzung besitzt es immer schon einen bestimmten Raum der Gültigkeit und Anwendung mit dem Grenzen gesetzt sind […], die den Wirkungsraum des Gesetzes strukturieren und organisieren« (ebenda). Recht ist Recht nur am rechten Ort (siehe oben, Kapitel 1). Zur gleichen Zeit, als der *Chinese Exclusion Act* den Eintritt chinesischer Personen in die Vereinigten Staaten komplett unterband (ein Verbot, das erst 1965 vollständig aufgehoben wurde), setzen die Vereinigten Staaten mit einer Reihe asymmetrischer Verträge die Einfuhr amerikanischer Güter auf das chinesische Festland nach ›Meistbegünstigungsklausel‹ durch. Diese Politik hatte der Staatssekretär im State Department, Hays, unter den Titel einer *open door policy* gestellt. Auf diese Politik der offenen Tür, »in der Stufenfolge imperialistischer Durchdringungsformen die extensivste Rechtsform« (Grewe 1984: 559; über den Einfluss von Schmitt auf Grewe siehe Fassbender 2002), beriefen sich auch andere Länder, etwa Deutschland, das sich über sogenannte Vertragshäfen den offenen wirtschaftlichen Zugang zum Land gesichert hatte. Der Vorteil dieser neuen Formen der Landnahme gegenüber der effektiven Okkupation war offenkundig: »foreign nations would become Colonies to us, without imposing on us the responsibility of governing them.«[102] Es ist die Zeit, die sich einredet, dass »das Nehmen aufhört und sogar das Teilen kein selbständiges Problem mehr bedeutet« (Schmitt 1958 [1953]: 496): *cujus economia/industria, ejus regio*. Der gewaltsam durchgesetzte Marktzugang für die westlichen Warenströme zerstörte unter anderem die heimische chinesische Textilindustrie und trug zum signifikanten Rückgang des Wohlstandsniveaus des Landes bei.

Das Prinzip der effektiven Markteroberung hatte über das der effektiven Besetzung, oder des effektiven Ausschlusses, oder der Zerstörung gesiegt. Die auf der Afrika-Konferenz beschlossene Neutralisierung des Kongo-Beckens und die für alle Signatarstaaten über die Mündungen des Nigers

Abb. 9: Das Regime der offenen Tür

und des Kongo gleichberechtigt mögliche Erschließung des Hinterlandes war der für Afrika hierzu zeitgleiche »forerunner of change, of conquest, of trade, of massacres, of blessings« (Conrad, *Heart of Darkness*). Die Verräumlichung des Rechts zeigte sich an der Frage: wer herrscht über Ein- und Austritt, wer bewacht die Grenze, wer ist souverän (siehe Abb. 9)? Und die großen Flüsse verlängerten das Meer in das Land hinein.

Auch hier geht es um die Tür des Gesetzes, und um die Frage, wer diese hütet (siehe oben, Kapitel 1). Port und portus – die Häfen, seaports, dienten als Einfallstore, ermöglichten den Eintritt und die freie Passage, ermöglichten die Rechts- und Raumeroberung: *porte, ›a gate, an entrance to a place, a portal; the gate of a town or fortres, also in names of specific gates, from Old French porte‹ gate, entrance, from Latin porta ›a city gate, a gate; door, entrance‹ akin to portus ›harbour‹.*[103] Der port, harbour, ist im rechtlichen Sinne ein

Platz, an dem Personen und Güter passieren dürfen: *are allowed to pass into and out of the realm and at which customs officers are stationed for the purpose of inspecting or appraising imported goods. In this sense a port may exist on the frontier, where the foreign communication is by land.*

Das Unterseeboot

Schmitt verfasst seine Großraumtheorie, *Land und Meer* wie auch die ersten Exzerpte für sein Nomos-Buch in einer Zeit, in der der deutsche U-Boot-Krieg die britische Seeblockade brechen und nun im Gegenteil England selbst von der lebenswichtigen Zufuhr von Waren und Nahrungsmitteln abschneiden sollte: Ordnung und Ortung im Kontext des globalen Wirtschaftskrieges, der das im Völkerrecht vorherrschende Prinzip der effektiven Okkupation nun mit dem neuen Prinzip der effektiven Exklusion – der Blockade – ersetzte, bis der Luftkrieg schließlich das Prinzip der effektiven Destruktion, des Vernichtungskrieges, dominant machte (Schmitt 1997 [1950]: 293–298). Was bei Schmitt als Kampf zwischen Land und Meer erscheint, in der bekannten Geistesgenealogie geopolitischer Denker von Mahan und Castex, beschreiben Deleuze und Guattari in Berufung auf dieselbe Genealogie als den beständigen Wechsel und Konflikt um die Einkerbung des glatten Raumes und dann, im Gegenzug, der Glättung dieses gekerbten Raumes: »das Meer, der Archetyp des glatten Raumes, ist auch zum Archetyp für alle Einkerbungen des glatten Raumes geworden [...]. Der glatte Raum ist zuerst auf dem Meer gezähmt worden, auf dem Meer hat man ein Modell für die Raumaufteilung, für das Aufzwingen der Einkerbung gefunden, das überall zum Vorbild genommen werden konnte. [Aber] am Ende seiner Einkerbung gibt das Meer eine Art von glattem Raum zurück, der zunächst von der *fleet in being* besetzt wird und dann von den ständigen

Bewegung des strategischen Unterseeboots, das über jede Rasterung hinausgeht und ein neues Nomadentum erfindet, das im Dienste einer Kriegsmaschine steht, die noch beunruhigender ist als die Staaten, die sie an der Grenze ihrer Einkerbungen neu entstehen lässt« (Deleuze/Guattari 1992: 439).

Das vollzieht sich aber nicht einfach nur als Konflikt zwischen gekerbtem Land und glatten Meer, sondern als eine komplexere Differenz, nämlich als Konflikt beider Räume, des glatten wie des gekerbten, um die Herrschaft des glatten Raums. Insofern ist es auch fraglich, ob sich das rekonstruieren lässt als Auseinandersetzung zwischen raumbezogenem Recht auf der einen Seite, und »dem maritimen Existenzentwurf des britischen Seereichs« auf der anderen Seite, in dem aber kein »Prinzip einer Rechtsordnung liegen« könne, weil dieser Entwurf »keine konkrete Raumordnung zu begründen« vermöge (Hofmann 2010 [1964]: 227). Stattdessen handelt es sich laut Schmitt um den Kampf zweier unterschiedlicher Raum- und damit Rechtsordnungen. Denn das britische Seereich war ja nicht ohne Recht, sondern Reich mit einem anderen Recht, weil dieses einem anderen Raum aufsaß. »Das Meer ist frei im Sinne von staatsfrei, d. h. frei von der einzigen Raumordnungsvorstellung des staatsbezogenen Rechtsdenkens« – es ist damit aber nicht rechtsfrei, sondern Basis einer spezifischen Rechtsvorstellung, nämlich »dem landfremden, raumaufhebenden und daher grenzenlosen Universalismus der angelsächsischen Seeherrschaft« (Schmitt 2009 [1941]: 82) – Recht, aber kein Nomos: »cujus economia/industria, ejus regio. Das ist der neue Nomos der Erde: kein Nomos mehr« (Schmitt 2015 [1991]: 135).[104]

Hieran wird die innige Verbindung eines Rechtsprinzips, einer politischen Ordnung und der Definition eines Feindes ersichtlich. Für Schmitt ist »Feindschaft [...] die Verneinung des rechtlichen Prinzips von Freundschaft und damit seine Verräumlichung. Denn durch Verträge gesetztes Recht steht in diesem völkerrechtlichen Modell dem durch den Raum geschaffenen gegenüber. Die verräumlichte Feindschaft ist demnach durch nichts anderes als durch ihre Position *extra lineam* gekennzeichnet« (Vismann 2012 [1995]: 309). Aber dort, wo die Linien keine Räume abgrenzen, sondern nur eine Rasterung über die ganze Welt legen, führt dies zur Universalisierung des Feindbegriffs.[105] Anders formuliert: dort, wo der Krieg zur effektiven Okkupation führt, steht die Besatzungsmacht in der Verantwortung, für eine neue Ordnung, für eine neue Normalität, sie muss zielen auf einen an den Raum gebundenen Nomos. Dort wo der Krieg nur zur Unterwerfung des Feindes durch effektive Exklusion führt, hat eine Kriegspartei nicht Interesse an Ordnung und Norm, sondern im Gegenteil, kann ein Interesse an maximaler Anomie entwickeln – sie bricht damit selbst den Mechanismus zwischen Schutz und Gehorsam.[106]

Die Voraussetzung einer globalen Rechtsordnung, die das britische Empire zu garantieren suchte, war aber die Herrschaft über diesen grenzenlosen Raum – und damit eine bestimmte Waffentechnik, eine bestimmte Gewaltpotenzialiät (›*the fleet in being*‹), die sich durch eine andere unsichtbare, ungreifbare Gewaltpotenzialität, durch das U-Boot, herausgefordert sah. Für Schmitt bedingen sich totales Waffenarsenal, Rechtsuniversalismus, absoluter Feindbegriff und freier Handel auf den freien Meeren wechselseitig. Paul Virilio, auf den Deleuze und Guattari sich in ihrer Rekonstruktion eines ›Raummodell des Meeres‹ berufen, ordnet sich – ohne den Namen Carl Schmitt nur ein einziges Mal zu erwähnen – in die Reihe derer ein, deren Geschichtsphilosophie von einem grundlegenden Konflikt zwischen Land und Meer ihren Ausgang nimmt, die die historische Entwicklung rekonstruieren als »fundamentale physische Auseinandersetzung zwischen zwei Menschheiten [...], von denen die eine die Erde und die andere die Meere bevölkert« (Virilio 1980 [1977]: 51). Er identifiziert, in Übereinstimmung mit Schmitts Perspektive, eine Entsprechung von Kriegstechnik und geostrategischer Homogenisierung des Raums einerseits, und von globalisiertem Kapitalismus, Internationalisierung des Rechts und Herrschaft einer universalistischen Ideenwelt andererseits, konkretisiert in einem ihrer Einzelelemente etwa in der ›fleet in being‹ als jener britischen Marinestrategie, nach der der strategische Wert der Flotte weniger in der durch sie konkret angewendeten Gewalt als in ihrem abstrakten mobilen Gewalt*potenzial* liegt, jederzeit und überall materialisierbar auf einer applanierten Ebene: »Die ›fleet in being‹ ist die Logistik, die die Strategie der Kunst der Bewegung nicht sichtbarer Körper absolut vollendet, sie beinhaltet die permanente Präsenz einer unsichtbaren Flotte auf dem Meer, die den Gegner egal wo und wann überraschen kann, indem sie seinen Machtwillen durch die Schaffung einer globalen Zone der Unsicherheit zunichte macht, in der er nicht mal mehr in der Lage ist, mit Sicherheit zu ›entscheiden‹, zu wollen, das heißt zu siegen« (Virilio 1980 [1977]: 52). Diese Kunst der Bewegung nicht sichtbarer Körper auf der Ebene des glatten Meeres sieht sich nun – im Ersten wie Zweiten Weltkrieg – herausgefordert durch die Bewegung eines anderen nicht sichtbaren Körpers mit permanenter Präsenz unterhalb des glatten Meeres: dem Unterseeboot, das jede Rasterungen durchkreuzt, und im Dienste eines konkurrierenden politischen Existenzentwurfs, also im Dienste des Feindes steht.[107]

Für Virilio, auch in dieser Hinsicht völlig konform mit Schmitts ›cujus economia/industria, ejus regio‹, ist diese spezifische Kriegsstrategie letztlich auch verbunden mit einem spezifischen Klassenkompromiss, d. h. einer besonderen Form des Kapitalismus komplementär: Der »entschlossene Widerstand der [britischen] Bourgeoisie gegen die Konzeption des Territorialkrieges ist seitdem das Prinzip eines Kapitalismus, der – indem er amphibisch wird – den totalen Krieg auf dem Meer und in den Kolonien anwendet, der buchstäblich aus der ›großen immobilen Maschine‹

in die ›mobile Maschine‹ springt, indem er die Ozeane zu einem ›riesigen logistischen Heerlager‹ macht und hinter sich her ein Proletariat zieht, das in das Funktionieren des Meeresvehikels eingespannt ist – ein Proletariat von Ruderern, das wahrhaftig als Motor der Maschine und Beschleunigungskraft im Augenblick des Kampfes erscheint« (Virilio 1980 [1977]: 55). So bildet sich auch bei Virilio ein Gesamt aus Wirtschaftsform, Rechtsform, aus Waffentechnik und einem damit korrespondierenden metaphysischen Ensemble von Überzeugungen und Ideen, ein Gesamt aus der Verbindung totaler Vernichtungswaffen mit totalitären Doktrinen.

Ordnung und Ortung

Damit stellt sich erneut, nun aber im globalen Maßstab, die zentrale Frage: was oder wer steht hinter dem Gesetz? Zunächst, wie innerhalb des Staates, die Macht oder die Gewalt: *autoritas facit legem*. Aber diese Gewalt, wenn sie denn Geltung verlangt, kann nicht nur nackte Gewalt sein (Benjamin 1965 [1921]): »Jede Macht ist transzendent; das Transzendente ist Macht« (Schmitt 2015 [1991]: 136; Eintrag vom 19.7.48).[108] Das macht die Geschichtsphilosophen in der Moderne bedeutsamer und einflussreicher als die Atomphysiker. Insofern verweist die Autorität auf eine Ordnung, Physis (Gewalt) verweist auf Metaphysis – auf eine Metaphysik, die von einer Gruppe von Menschen geteilt werden muss (sprich: auf eine ›politische Theologie‹; siehe oben, Kapitel 2). Dadurch wird die Rechtsordnung zeitlich und räumlich spezifisch, und ist nur zu erhellen durch ›konkretes Ordnungsdenken‹, durch die Frage nach dem Raum des Rechts – denn Recht ist Recht nur am rechten Ort.

Wie stellt sich der Zusammenhang von ›*geography and the law*‹ (Benton 2010) dar? Was ist die Lage? »Wenn faktische Normalität immanenter Geltungsgrund jedweder

Rechtsnorm ist, wenn m.a.W. der faktische Bestand einer Ordnung Vorbedingung der normativen Geltung einer Rechtsordnung, die faktische Normalität aber instabil und die Frage der jeweiligen Situation ist, dann muß die Erforschung und Erhellung der Eigenart der jeweiligen konkreten geschichtlichen Situation der Politik in ihrer Dynamik die erste und wesentliche Aufgabe des Staatsrechtlers sein. [...]. Es ist also auch kein Zufall, daß alle Publikationen Schmitts, auch dort, wo sie von eng begrenzten juristischen Detailfragen handeln, stets transparent bleiben auf den Hintergrund der großen politischen, sozialen, geistesgeschichtlichen Entwicklungen. Dieser Umstand begründet wohl zu einem guten Teil die Faszination, die von seinen Schriften ausgeht« (Hofmann 2010 [1964]: 78–79). Das bedeutet, »daß [...] die Arten und Formen des menschlichen Zusammenlebens durch bestimmte Ideen konstituiert, strukturiert und beherrscht werden«. Jede geistige Bewegung müsse man daher »metaphysisch und moralisch ernst nehmen, aber nicht als Exempel für einen abstrakten Satz, sondern als konkrete geschichtliche Wirklichkeit im Zusammenhang eines geschichtlichen Prozesses« (Hofmann 2010 [1964]: 79; Schmitt 1998 [1919]: 7). Wer seine Zeit nicht erfasst, hat verspielt.

Jede reale, machtpolitisch unterlegte Antwort auf diese Frage nach dem Recht kreiert Zonen des Unrechts, zieht spezifische Unterscheidungslinien zwischen law/outlaw. Das ist die Grundlage jeder Rechtsordnung, es war die Grundlage des *jus publicum europaeum*, wie es auch die Grundlage des nacheuropäischen Völkerrechts ist, sein muss. Schmitt weist lediglich darauf hin, dass man diese Fortentwicklung nicht als Fortschritt wird schreiben können. Die »politics of the state« durch die »morality of the globe« zu ersetzen (Moyn 2012: 43), macht die Sache nicht besser, sondern nur anders.

Das moderne, nach-europäische Völkerrecht, so Schmitts zentraler Vorwurf, erschöpfte sich nur noch in der positivistischen Begleitung und juristischen Testierung eines ganz radikalen Wandels in der Legitimierung der Staatenordnung, hinter dem der blanke Aneignungsvorgang durch konkrete gesellschaftliche Gruppen stand. Dessen Legitimierung mit übergeordneten Ordnungsprinzipien des ›Universalismus‹ war wenig mehr als die Kaschierung von Bereicherungsprozessen, eines akkumulativen Impulses, als »Herrschaft eines leeren Gesetzes- und Vertragspositivismus, der nichts anderes war, als das juristische Instrument der Legalität und Legitimität des status quo« (Schmitt 2009 [1941]: 15).[109] Es war wenig mehr als die juristische Begleitung (*Teilen*) der imperialen Nahme (Anghie 2008).

Eine normative Neusortierung vollzog sich nur implizit und ließ sich ablesen an den neuen Unterscheidungslinien zwischen *privateering* und Piraterie, an den neuen Feinderklärungen, die nun diejenigen als *barbarian* oder *pirate states* und Feinde der Menschheit (*hostes humani generis*) identifizierten, die sich gegen den Status Quo dieser ökonomischen Unterwerfung der Erde im Interesse dominanter Nationen und ihrer Korporationen stellten (Fernández 2012; Montmorency 1918). Mit dem offensichtlich historisch zutreffenden Argument, dass die Raubzüge der Privateers schon immer staatlich lizensiert, kommissioniert, gefördert worden waren, mit Kaperbriefen und allen möglichen Formen der Legitimierung und Rechtsbeleihung ausgestattet, wurde nun die Anwendung des *hostis*-Begriffs auf Staaten begründet, die sich mit dem Verteilungsergebnis dieser Aneignungsprozesse partout nicht einverstanden erklären wollten. Die universale, globale Ordnung – entstanden auf der Grundlage asymmetrischer Gegenbegriffe, wie Christen/Heiden oder Europäer/Barbaren – verlangte somit nach dem Wiedereintritt dieser Feindschaftsbegriffe in das Zwischenverhältnis der europäischen Länder selbst und sprengte damit das *jus publicum europaeum*. In der langen Genealogie von Piraten-, Barbaren-, Schurkenstaaten werden nun diejenigen politischen Akteure markiert, die sich der neuen Weltordnung nicht fügen wollen, die gerade an dem *humani generis* ihr Zweifel anmeldeten. In längerer Zeitbetrachtung verlegt die koloniale Bewegung selber ein neues Herz der Finsternis nach Innen, und in der Letztkonsequenz ermöglicht das, schlicht die Valenzen einmal komplett auszutauschen – nun ist das Zentrum dunkel, die Peripherie hell. Wenn es Ende der 1970er Jahre als eine neue Erkenntnis durchgehen konnte, dass das Völkerrecht »consisted of a set of rules with a geographical basis (it was a European law), a religious–ethical inspiration (it was a Christian law), an economic motivation (it was a mercantilist law) and political aims (it was an imperialist law)« (Bedjaoui 1979: 50), so wäre das bei Schmitt bereits 1950 nachzulesen gewesen. Mehr noch: es wäre dort präziser nachzulesen gewesen, wie sich das Merkantilistische aus dem Christlichen herausentwickelte und es schließlich ganz hinter sich ließ.

Rechtlich wollten die Siegermächte die U-Boot-Frage nach dem Ersten Weltkrieg durch Illegalitätserklärung lösen, aber das war – wie etwas reflektiertere Zeitgenossen bemerkten – konsistent nicht ganz so einfach zu bewerkstelligen. Es war nicht zufällig, dass in diesem Zusammenhang die Selbstwidersprüche des kolonialen Barbarei-Diskurses auftauchten wie auch der Zusammenhang zwischen Meer und Luft als entgrenzten Räumen: »I understand that the last rising in Afghanistan was put down by dropping bombs from aeroplanes on Kabul. If we do this one day, I do not see that we can object the next day to our ships being sunk at sight on the grounds of inhumanity or barbarity« (Hall 1919: 83). Die USA hatten in ihren Protestnoten gegen die Versenkung amerikanischer Handelsschiffe durch deutsche Unterseeboote den Einsatz dieser Waffe beständig »as a kind of piracy« bezeichnet. In der Washingtoner Abrüstungskonferenz von 1921/22 wurde dieser Vorwurf auch von englischer Seite mehrfach wiederholt (vgl. Hall 1919; Montmorency 1918; Skrodzki 1925: 14, 30). Die Internationalisierung der Wirtschaft verändert das Seekriegsrecht: Eine Macht, die während des Krieges andere von der See ausschließen kann, hat die Freiheit das zu tun. Im Seekrieg wird die »doctrine of effective occupation [...] more and more [...] a doctrine of effective exclusion than of physical occupation« (Montmorency 1917: 67; Schmitt zitiert diesen Aufsatz in RW 0265 19601: 46). Die U-Boote bedrohten die Effektivität dieser Exklusion, und so wurde schließlich ihre (technische) Ortung zum zentralen Mittel der Durchsetzung der neuen (internationalen) Ordnung (Goudy et al. 1918; Grewe 1984; Hall 1919; Hirst 1918; Skrodzki 1925). Die konkrete Bedeutung des ›freedom of the seas‹-Prinzips wurde durch »das Gewicht der hinter ihm stehenden britisch-amerikanischen Seeherrschaft bestimmt« – und: »battle fleets are more concrete things than principles« (Loyd George; zitiert nach Grewe 1984: 742, vorhergehendes Zitat von 740).

Was das Völkerrecht nicht zu leisten vermochte, oder erst im Nachhinein, wenn Sieger und Verlierer feststanden, wurde somit zu einer Frage der waffentechnischen Überlegenheit. Im U-Boot-Krieg ermöglichte nun insbesondere der Sonar die Ortung und dann Vernichtung des Feindes (Hackman 1984; Rössler 2006; Herwig 2000). Die Geleitzüge aus Frachtschiffen und deren Absicherung durch Kriegsschiffe auf der einen Seite und die Unterseeboote auf der anderen wurden, je nach Stand der Technik, zu unterseeischen Jägern und überseeischer Beute und verwandelten sich wieder zurück, zu überseeischen Jägern und unterseeisch Gejagten. Die Beute wurde gestellt vermittels der Ortung, dem Sonar, jenem akustischen Signal, das – wie man zur etwa gleichen Zeit zu verstehen begann (Burnett 2012) – Wale nutzen, um ihre Beute zu jagen, insbesondere Pottwale bei der Jagd auf die Riesenkalmare der dunklen Tiefsee, und das später, nach dem Zweiten Weltkrieg genutzt wurde, um nun wiederum Wale zu jagen und nicht mehr U-Boote (Schubert 1954).

Der Sonar war der Versuch zur Herstellung von Ordnung auf der wilden See, die sich nicht besetzen und sich nicht

Abb. 10: »Er macht, dass die Tiefe brodelt wie ein Topf« (Hiob 41, 23). Death to the Submarine: Der Zerstörer Barrosa fährt durch ein Kleeblatt aus brodelnder Gischt, das durch die Explosion seiner U-Boot-Wasserbomben verursacht wurde. (© Keystone Press/Alamy Stock Photo)

besitzen lässt (Muldoon 2002). Als ab 1942 die Alliierten über immer bessere Ortungstechniken verfügten, nahm die durch deutsche U-Boote versenkte Tonnage schlagartig ab und die Zahl der versenkten U-Boote deutlich zu. Was die Briten ASDIC (nach dem *Allied Submarine Detection Investigation Committee*) und die Amerikaner Sonar nannten (erst: ›*Sounding, Navigation and Ranging*‹, später nur: *Sound Navigation and Ranging*‹ [Hackman 1984: XXV]), dem Begriff Radar nachgebildet (für *Radio Detection and Ranging*), war die Kunst, unter Wasser zu hören, den Weg des Schalls unter Wasser nachzuverfolgen.

Kam man somit erstmal den geheimnisvollen Bahnen der feindlichen U-Boote auf die Spur, dann ließen sich die Abwehrwaffen auf den Feind präzise justieren. Für ihre Wasserbomben, deren Detonationstiefe die Signale des Sonars festlegten, entwarf die Royal Navy in den 1940er Jahren ein Abwurfgerät, das sie ›Squid‹ – Kalmar – tauften. Sein Vorteil war, dass es gleichzeitig mehrere, zumeist drei Wasserbomben in einem gewissen Radius vom jeweiligen U-Boot-Jäger aus nach vorne verschießen konnte, so dass die gleichzeitige Erfassung eines Ziels durch den Sonar während des Beschusses und nach ihm möglich war (was es auch ermöglichte, zwischen einem U-Boot und einem Fischschwarm zu unterscheiden), wie auch ein sofort nachfolgender zweiter Wasserbombenangriff beim Überfahren des Sonarobjekts (siehe Abb. 10).

Eine letzte, große Abdeckerei

> »It was all about oil and politics, the exercise of sovereignty, the rights granted by the government, and the regulatory powers of one weak and one powerful government« (Harlaftis 2019: 203).

In Reaktion auf die zu Beginn des Krieges sehr erfolgreiche deutsche U-Boot-Kampagne hatten die USA, hierzu auch nachdrücklich von den Briten gedrängt, ein massives, von der *United States Maritime Commission* (MARCOM) geleitetes Schiffsbauprogramm aufgelegt, denn dem resultierenden Mangel an Frachtraum konnte der britische Schiffsbau, der nun in Kriegszeiten ausschließlich militärisch ausgerichtet war, nicht abhelfen (für das Folgende siehe Harlaftis 2019, Kapitel 7 und 8). Knapp 4.700 Schiffe, Handels- wie Militärschiffe, wurden unter Verantwortung der MARCOM in den Jahren 1942 bis 1945 gebaut. Im Jahr 1946 besaßen die USA die größte Handelsflotte der Welt, 60 Prozent aller weltweit verfügbaren Tonnage, während es 1939 erst noch 14,5 Prozent gewesen waren (Harlaftis 2019: 174). Das überstieg den wirtschaftlichen Bedarf der USA nach dem Zweiten Weltkrieg um das Sechsfache. Zudem waren die sogenannten Liberty-Schiffe, die nach einem Standardverfahren gebaut wurden, langsam und relativ klein und deswegen insgesamt für amerikanische Reeder unwirtschaftlich. Mit dem *Merchant Ship Sales Act*, im März 1946 von Präsident Truman unterzeichnet, standen nun Zweidrittel dieser Handelsflotte zum Verkauf. Die eingeräumten Konditionen waren außerordentlich günstig. Die MARCOM wurde autorisiert, die Schiffe zur Hälfte ihrer Entstehungskosten zu verkaufen (bei Tankern 87,5 Prozent). Sie konnte sogar noch bessere Konditionen gewähren, falls der Kauf durch staatliche Garantien gedeckt würde. Der griechische Staat sprach für seine Reeder, die zu den Hauptabnehmern der MARCOM-Schiffe gehörten, sehr schnell solche Deckungszusagen aus. Finanzieren ließen sich die Käufe dann durch günstige US-amerikanische Bankenkredite, die in Zeiten hoher Frachtraten sehr schnell, innerhalb von drei bis vier Jahren, zurückgezahlt werden und bis zu 75 Prozent des Kaufpreises abdecken konnten. So war es in den unmittelbaren Nachkriegsjahren möglich, ein komplettes Schiff für eine direkte Zahlung von nur 165.000 $ zu erwerben. Damit wurde die Infrastruktur für jene Globalisierung geschaffen, die sich nun in der neuen Nachkriegsweltordnung herauszubilden begann.

Die einzige Einschränkung des *Maritime Ship Sales Act* lautete, dass Tanker nicht von Ausländern erworben werden durften. Dieses Verbot umgingen die griechischen Reeder, die zu den Hauptkäufern der MARCOM-Schiffe gehörten (unter ihnen prominent: Aristoteles S. Onassis), durch gewagte Firmenkonstruktionen, die mehrheitlich in der Hand von US-Staatsbürgern verblieben, aber faktisch unter Kontrolle ausländischer (hauptsächlich griechischer) Reeder standen. Mit Duldung, wenn nicht aktiver Förderung durch US-Banken, große Anwaltskanzleien, der Regierung, durch Abgeordnete des Repräsentantenhauses und von Seiten der Exportindustrie, konnten die Schiffseigner zudem die vom amerikanischen Staat gekauften Schiffe ›ausflaggen‹, unter sogenannten ›flags of convenience‹, insbesondere denen Panamas, Honduras und Liberias, stellen und somit die Betriebskosten von US-amerikanischen Schiffen zu etwa einem Drittel bis zur Hälfte unterbieten. So führte die Ablösung der ›Seeherrschaft‹ des Vereinigten Königreichs durch die der Vereinigten Staaten nach 1945 nicht zum Aufbau einer eigenen US-amerikanischen Handelsmarine. Vielmehr war das neue Muster der Globalisierung eines der Stellvertretung:

> The flags of convenience of Panama, Honduras, and Liberia, known as the PanHoLib fleet, were part of a trend

> to turn to offshore companies, which not only provided an economic shelter and low taxes that offered cheap sea transport for large US corporations like United Fruit or the oil companies, but also flexibility beyond state control in a global environment. (Harlaftis 2019: 176)

Griechische Reeder kamen somit in der ersten Nachkriegsdekade in den Besitz von 45 Prozent der panamaischen und 80 Prozent der liberianischen Handelsflotte (ebenda: 177). Sollten diese Schiffe in internationale Konflikte geraten, wurde der Schutzauftrag der US-amerikanischen Armee umgehend auf diese Länder ausgeweitet (ebenda: 176): »Greek shipowners were able to buy US-built ships with US-credit, put them under US-backed flags of convenience, and carry US cargoes at a low cost« (ebenda: 177). Der Protest der US-amerikanischen Reeder, der Seemänner-Gewerkschaften und Teile des Kongresses gegen diesen als unlauter wahrgenommenen Wettbewerb durch Billigflaggen in ausländischer Hand führte nach zwei Jahren zu einer Reform des *Merchant Ship Sales Act*, der nunmehr den Verkauf von Schiffen aus dem MARCOM-Programm ausschließlich an Staatsbürger der USA beschränkte. Aber entweder waren zu diesem Zeitpunkt die größeren Transaktionen bereits abgeschlossen, oder es wurde auch dieses Verbot durch die Gründung von amerikanischen Scheinfirmen umgangen (zu diesem gesamten Komplex siehe Harlaftis 2019, Kapitel 7 und 8).

In der globalen Nachkriegsökonomie kam nun aber nicht einfach ›Fracht‹, sondern Energie eine zunehmend zentrale Bedeutung zu. Die deutlich restriktivere Handhabung des Verkaufs von Tankern im *Merchant Ship Sales Act* im Vergleich zu Frachtschiffen hatte das bereits angezeigt. Und Energie meinte vor allem: Öl. Zugleich hatten die Entbehrungen der Kriegszeit und ihre Verwüstungen auch den Preis für Walöl enorm steigen lassen. Er hatte sich zwischen 1937 und 1949 vervierfacht – um 1952, während des Koreakrieges, einen historischen Höchststand zu erreichen (Barthelmess 2009: 156). Aristoteles Onassis stieg nun sowohl in das Öl- wie auch in das Walöl-Geschäft ein (für das Folgende siehe insbesondere ebenda). In den unterausgelasteten deutschen Werften ließ er eine Walflotte aus einem Kochereischiff und fünfzehn Fangbooten bauen, die in den fünf Fangsaisons 1950/51 bis 1955/56 insgesamt 22.000 Wale in der Antarktis und vor Peru erlegte – eine letzte große Abdeckerei. Vertragsreeder der Schiffe war die Erste Deutsche Walfang Gesellschaft (EDWG), gegründet in den Vorkriegsjahren im Zuge der Wiederaufnahme des deutschen Walfangs (Peters 1938). Die Schiffsmannschaften in der Zahl von circa 600 Matrosen waren fast ausschließlich deutsch, »gutteils mit walfangpraktischer Erfahrung aus den 1930er Jahren« (Barthelmess 2009: 156). Das war praktisch, denn so konnte Onassis den Konsequenzen norwegischer Gesetze von 1934 und 1945 ausweichen, die zur Sicherung des norwegischen Quasi-Monopols im Walfang es Staatsbürgern verboten hatten, auf ausländischen Walfangschiffen anzuheuern, unter Androhung der Aberkennung ihrer Staatsbürgerschaft und des Einzugs ihrer Vermögen (ebenda; Harlaftis 2019: 190–191).[110]

Da seine Walfangflotte unter panamischer Flagge segelte, musste Onassis eine staatliche Überprüfung, ob sie sich an die Vorschriften der *International Whaling Convention* hielt, nicht ernsthaft fürchten. Ohnehin hatte Panama in einer Verbalnote die Walfangkonventionen von 1938/39 und 1946 zwar anerkannt, sie aber erst 1953 ratifiziert. Tatsächlich war die Missachtung der Fangvorschriften durch die Onassis-Walfangflotte umfassend (»shooting anything that swam and at any time« [Rocha et al. 2014: 38]) – eine letzte große Abdeckerei (Ellis 2003; Headrick 2020, chapter 13).

Zur selben Zeit, 1954, hatte es Onassis allerdings gewagt, mit dem sogenannten Jeddah-Vertrag, der ihm exklusive Transportrechte an dem im Saudi-Arabien geförderten Öl einräumte, mit Interessen US-amerikanischer Ölkonzernen wie der Arabian American Oil Company (Aramco), und damit letztlich mit Interessen der USA selber in Konflikt zu geraten. Aramco, ein Konsortium aus Standard Oil of New Jersey (später umbenannt in: Exxon), Standard Oil of California, Texas Company, and der Socony-Vacuum Oil Company (später umbenannt in: Mobil), hatte sich in den 1930er Jahren vertraglich ein Monopol für die Förderung, Raffinierung sowie Distribution des saudischen Öls bis zum Ende des Jahrhunderts zusichern lassen (Article 1 des sogenannten Aramco Concession agreements: »[...] to explore, prospect, drill for, extract, treat, manufacture, transport, deal with, carry away and export petroleum« [vgl. Harlaftis 2019: 219–220; Schwebel 2010: 245]). Das Konsortium exportierte allerdings nur etwas mehr als 10 Prozent des geförderten saudischen Öls selbst. Für die restliche Menge hatte nun Onassis die vertragliche Zusage exklusiver Transportrechte. Damit hätte er ein Quasi-Monopol in der Versorgung mit arabischem Öl und erhebliche Preissetzungsmacht erlangt.

Der neue Hegemon reagierte umgehend – *in den* USA mit einem breit angelegten Untersuchungsverfahren des FBI (bezüglich der Frage, ob Onassis Schiffe aus dem MARCOM-Programm unrechtmäßig erworben hatte), und *außerhalb* der USA durch umfangreiche Aktivitäten des CIA, die zu Boykottmaßnahmen und Konfiskationen von Onassis' Walfangflotte beziehungsweise des von ihr gewonnen Walöls führten. Die von den Besatzungen vielfach dokumentierten Verstöße gegen die Vorschriften der Walfangkonvention – von denen die norwegischen Seemännergewerkschaften durch Vermittlung ihrer deutschen Schwestergewerkschaften Kenntnis erlangen konnten – waren hierzu ein willkommener Anlass, und norwegische Walfangreeder erwirkten in Hamburg wie in Rotterdam richterliche Anordnungen, Onassis Schiffe festzusetzen (während das mit Ermunterung der USA schon einmal 1954 durch Peru erfolgt war).[111] Schließlich verkaufte Onassis seine Walfangflotte im Frühjahr 1956 für 35,7 Millionen Mark an die japanische

Walfangreederei Kyokuyo Hogei Kaisha. In der Frage der Zulässigkeit des Jeddah-Vertrages entschied ein Schiedsverfahren im Sinne von Aramco (Schwebel 2010).

Hier sehen wir nun die emblematische Gestalt der neuen Ordnung: Der Oligarch, der nie Steuern zahlt, auf seiner Luxusyacht, einem umgebauten kanadischen Kriegsschiff, das an der Landung in der Normandie, als die Leviathane an Land gekrochen waren, beteiligt war und das Onassis 1948 für nur 34.000 US$ erworben hatte (anschließend umgebaut von den deutschen Howaldtswerken), umgeben von einem lärmenden Gesindel, das auf mit der Vorhaut des Minkwalpenis bezogenen Barhockern lungert und seinen Reichtum, aufgehäuft aus Geschäften der Extraktion, Destruktion und Extinktion, in Zeremonien der neuen ›Pseudo-Religion der großen Massen industrialisierter Länder‹ ausstellt. Die besondere Produktivkraft dieser Gestalt liegt in ihrem Vermögen, nicht in das Gesetz eintreten zu müssen, sondern unbehelligt aus ihm heraustreten zu können, als privater Handlanger, potestas indirecta, jenes neuen imperialen Hüters, der das zulässt, weil oder solange es in seinem Interesse liegt – und nirgends ein Gott, der dafür Sorge tragen könnte, dass Schweigen herrscht und Ruhe in der Unendlichkeit des Meeres, *on the boundless sea*.[112]

Dank

Kapitel 1 »Teilen« ist in einer ersten Fassung 2020 erschienen als »Mit Kanzlisten gegen Kanzlisten denken« in *Merkur – Deutsche Zeitschrift für Europäisches Denken*. Es wurde für das Buch umfangreich überarbeitet und ergänzt. Kapitel 3 wurde ursprünglich veröffentlicht in dem von Iris Därmann und Stephan Zandt 2017 herausgegebenen Band *Andere Ökologien. Transformationen von Mensch und Tier* als »›Der Walfisch hat uns geführt‹ – Carl Schmitt, der Große Fisch und die planetarische Raumrevolution«. Auch dieser Beitrag ist grundsätzlich überarbeitet und erheblich erweitert. Erneut haben Michael Neumann, Florian Meinel, Sebastian Huhnholz und Thorsten Wilhelmy mich mit ihren hellsichtigen Kommentaren herausgefordert und den Text um so viel besser gemacht. Glücklich darf sich schätzen, wer solche Leser und Freunde hat, beziehungsweise unter seinen Freunden solche Leser. Die neuen Kollegen am The New Institute, Christoph Möllers, Jan-Werner Müller und Ingo Venzke, haben den Text ebenfalls ganz oder in Auszügen hilfreich kommentiert. Auch hierfür vielen Dank. Alexander Schmitz von Konstanz University Press erwies sich ein weiteres Mal als umsichtigster Lektor.

Ich hatte die Gelegenheit, an recht unterschiedlichen Orten an diesem Buch zu arbeiten, die doch vor allem eines gemeinsam haben – Großzügigkeit, intellektuelle *and otherwise*: dem Wissenschaftskolleg zu Berlin (2014/15), dem Kolleg des Konstanzer Exzellenzclusters *Kulturelle Grundlagen von Integration* (2018/19), sowie schließlich dem The New Institute, Hamburg (2021/22). Ich bin ebenfalls der Universität Bremen zu Dank verpflichtet, dass sie mich für die Aufenthalte in Berlin, Konstanz und Hamburg freistellte. Diese Arbeit profitierte zudem von dem von der Deutschen Forschungsgemeinschaft geförderten Projekt ›Hybridedition der Kriegstagebücher Carl Schmitts‹ – und von dem wunderbaren Forschungskontext, den es mit seiner geballten Schmitt-Expertise bietet: zu danken ist natürlich vor allem Gerd Giesler, dann auch Angela Reinthal, Martin Tielke, sowie den exzellenten Transkriptoren Andreas Kloner, Raphael Hülsbömer und Max Kricke und vor allem und in erster Linie und ganz besonders Florian Meinel, der alles zusammenhält und vorantreibt und souverän durch alle Widrigkeiten hindurch steuert.

Anmerkungen

1 Während diese übergreifende Denkbewegung in einer Anmerkung zur Neuauflage des *Begriff des Politischen* im Jahre 1963, im sogenannten Hobbes-Kristall, von ihm selbst noch einmal zusammengefasst wird. Weitere Werke in diesem Kontext sind zu erwähnen insbesondere die Großraumtheorie (Schmitt 1988 [1939], 1995 [1940], 2009 [1941]; Schmoeckel 1994), die Schrift zum diskriminierenden Kriegsbegriff (Schmitt 2007 [1938]), das enigmatische *Leviathan*-Buch (siehe hierzu Manow 2017; Schmitt 1982 [1938]), sowie die kurze, romanhafte weltgeschichtliche Betrachtung *Land und Meer* (Schmitt 1942), neben verschiedenen weiteren Aufsatzschriften aus dieser Zeit.

2 Schmitts Denkbewegung ist auch hier nachzuverfolgen. In *Die Diktatur* definiert er die Diktatur noch aus der Ausnahmesituation (Schmitt 2015 [1921]). In der Diskussion der Diktatur Wallensteins: »Diktatur wäre sie nur dann gewesen, wenn sie in ihrer Wirkung auf die objektive Rechtslage einen Ausnahmezustand bedeutet hätte« (ebenda: 92). Dann, ein Jahr später, in *Politische Theologie*, wird der Ausnahmezustand mit der Diktatur oder der Souveränität erklärt (Schmitt 2004 [1922]).

3 So auch Hofmann: »Damit ist bereits hier das Leitmotiv der Problematik von Ausnahmezustand und Norm angeschlagen, welches das Werk Schmitts bis zum Jahr 1933 durchzieht« (Hofmann 2010 [1964]: 31).

4 »Rathenaus häufig zitierte Äußerung, nicht die Politik, sondern die Wirtschaft sei das Schicksal, war für Schmitt Ausdruck eines typischen liberalen Mißverständnisses. ›Richtiger wäre zu sagen, daß nach wie vor die Politik das Schicksal bleibt und nur das eingetreten ist, daß die Wirtschaft ein Politikum und dadurch zum ›Schicksal‹ wurde.‹« (Ulmen 1991: 164) »Entscheidend für ein Verständnis der Verfassungstheorien des 20. Jahrhunderts ist nach Schmitt, daß die Beziehung des Staates zur Wirtschaft der eigentliche Gegenstand innenpolitischer Fragen ist, und daß auf diese nicht mehr mit dem alten liberalen Grundsatz der Nicht-Intervention geantwortet werden kann« (Ulmen 1991: 10).

5 Gegen all dies findet sich die Behauptung, Schmitt habe »sein metaphysisches Dach im Katholizismus, und seine Entscheidung lehnt sich immer an den Grundpfeiler der ›gesunden Wirtschaft im

starken Staat‹ an. [...] [Er bleibt] dem wirklich unstrittigen Dogma des liberalen Zeitalters verhaftet, das auf der Annahme beruht, daß Produktion und Konsumtion, Preisbildung und Markt ihre eigene Sphäre haben, die weder von Weltanschauung noch Ethik und schon gar nicht von der Politik gesteuert werden sollte« (Lethen 1994: 122). Der Anti-Liberale par excellence bleibt also nach Lethen dem zentralen Dogma des liberalen Zeitalters verhaftet und verteidigt die Autonomie der Wirtschaft: Es dürfte schwerfallen, in zwei Sätzen eine höhere Anzahl gravierender Fehleinschätzungen zum Schmitt'schen Werk unterzubringen.

6 »Über, unter und neben den staatlich-politischen Grenzen eines scheinbar rein zwischenstaatlichen politischen Völkerrechts verbreitete sich, alles durchdringend, der Raum einer freien, d. h. nichtstaatlichen Wirtschaft, die reine Weltwirtschaft war« (Schmitt 1997 [1950]: 208). Siehe hierzu auch Ulmen 1991.

7 Während Schmitts Beiträge zum Völkerrecht zunehmend intensiv rezipiert und diskutiert werden, etwa auch in Hinblick auf die ›realistische Theorie der Internationalen Beziehungen‹ (Scheuerman 1998), sind die europapolitischen und europarechtlichen Implikationen noch kaum entwickelt (Burgess 2008). Der Einfluss Schmitts und der Schmitt'schen Großraumtheorie, insbesondere auf François Perroux, einem einflussreichen Ökonomen und Berater der französischen Regierung in der Vierten und Fünften Republik (Cohen 2012), der im Austausch mit Carl Schmitt stand, ist ebenfalls noch nicht detaillierter dargestellt.

8 Etwa in Hugo Balls Besprechung zu Carl Schmitts *Politische Theologie* »Ich wies bereits darauf hin, wie sehr bei dem Ideologen das wissenschaftliche und das persönliche Problem miteinander verbunden sind. Wer seiner eigenen Person Dauer zu verleihen versucht, muß auf die Identität seiner Äußerungen bedacht sein.« (Ball 1924: 280)

9 »Hüte dich vor jedem Lautsprecher; hüte dich vor jedem Mikrophon, das deine Stimme in die falsche Öffentlichkeit trägt. Jeder Lautverstärker ist ein Sinnverfälscher. Die Weltöffentlichkeit, das ist Betrug der Welt« (Schmitt 2015 [1991]: 129). Siehe für Schmitts Theorie der Öffentlichkeit, der repräsentativen Rede und der ›Gegenkraft des Schweigens‹ jetzt Meinel (i. E.).

10 Nach Kafkas Tagebüchern zu urteilen, entsteht die Türhüter-Erzählung im Dezember desselben Jahres. Schmitt erhält im Dezember 1913 die Korrekturfahnen zu seinem Buch, es erscheint dann gleich zu Jahresanfang 1914. 18 Jahre später, in *Legalität und Legitimität* schreibt Schmitt: »[...] keine Norm [...] interpretiert und handhabt, schützt oder hütet sich selbst; keine normative Geltung macht sich selbst geltend; und es gibt auch – wenn man sich nicht in Metaphern oder Allegorien ergehen will – keine Hierarchie der Normen, sondern

nur eine Hierarchie konkreter Menschen und Instanzen« (Schmitt 1988 [1932b]: 57).

11 »Das Gericht will nichts von Dir. Es nimmt Dich auf wenn Du kommst und es entlässt Dich wenn Du gehst« (Kafka 2006 [1925]: 203).

12 Er wäre schließlich auch auf den Satz gestoßen: »Das Recht ist nicht im Staat, sondern der Staat im Recht« (Schmitt 2015 [1914]: 52).

13 »for subjection, command, right, and power are accidents, not of powers, but of persons« (Thomas Hobbes, *Leviathan*, chapter 42).

14 Man kann darin eine Wiederholung der Problematik sehen, die sich schon zwischen der unsichtbaren Kirche im Glaubenssinn und der sichtbaren Kirche im Rechtssinn auftut (in Auseinandersetzung mit Sohms Kirchenbegriff), und der Problematik eines Verstricktseins dieser tatsächlichen Kirche im Rechtssinne in die Sündhaftigkeit der Welt (siehe hierzu unten, Kapitel 2). Was passiert, wenn die zölibatäre Bürokratie der katholischen Kirche zur nur-noch-Bürokratie wird? Ein Gericht, »das fast nur aus Frauenjägern besteht. Zeig dem Untersuchungsrichter eine Frau aus der Ferne und er überrennt um nur rechtzeitig hinzukommen den Gerichtstisch und den Angeklagten« (Kafka 2006 [1925]: 194).

15 Schmitt 2014 [1921–1924]: 419.

16 Noch deutlicher bei: »Der kommissarische Diktator ist der unbedingte Aktionskommissar eines pouvoir constitué, die souveräne Diktatur die unbedingte Aktionskommission eines pouvoir constituant« (Schmitt 2015 [1921]: 146).

17 Dass das Recht zuweilen aufgehoben wird, um es zu retten (Lundgreen 2009: 61), führt bereits das römische Institut des Iustitiums vor Augen (Nissen 1877). Man tritt vor die Schranken des Gesetzes. Aber wen halten sie zurück, für wen sind diese Schranken verbindlich, für den, der vor die Schranken zitiert wird, oder für denjenigen, der üblicherweise vor die Schranken zitiert? Zum Iustitium, dem römischen Ausnahmezustand, *quando ius stat*, wenn das Recht steht, schreibt Nissen: »Allein wo es galt, keinen Augenblick zu verlieren, wie hätte man da solche Schranken ertragen können« (Nissen 1877: 97–98). In der Ausnahmesituation werden die Schranken durchbrochen. Was das Vermögen der Diktatur in Bezug auf das Schweigen oder Schreiben der Gesetze anbetrifft, unterscheiden sich Rousseau und Schmitt. Bei Rousseau heißt es hinsichtlich der l'autorité législative: »le magistrat qui la fait taire ne peut la faire parler« (*Contrat Social*, Livre IV, Chapitre VI). Bei Schmitt ist der Referenzpunkt eher der *dictator legibus scribendi*.

18 Im Zentrum der politischen Repräsentation steht zwar die Rhetorik noch viel mehr als die sichtbare Form, aber hier »ist gerade die nichtdiskutierende, nichträsonierende, sondern die, wenn man sie so nennen darf, repräsentative Rede das Entscheidende« (Schmitt

1984 [1923]). Oder: »Es ist ein welthistorischer Augenblick der Diktatur, ein Augenblick des Schweigens und des Wartens, damit einer diktiert; [...] die Völker aber schweigen, mit der Überlegenheit des Schweigens« (Schmitt 2014 [1921–1924]: 453).

19 Zu diesem gesamten Komplex – Schweigen, Reden, Öffentlichkeit – bei Schmitt siehe die bedeutsame, faszinierende Studie von Meinel (i. E.).

20 Meine Deutung des Verhältnisses der beiden ist damit eine deutlich andere als die von Lethen (1994: 231–234), die ja dann doch nur auf ein Stück Entlarvungsliteratur hinausläuft.

21 Ortmann/Schuller 2019. Beide formulieren ja auch aus religiösen Minderheitenpositionen, gegen einen hegemonialen Kulturprotestantismus inklusive deren jüdische Adepten, mit der kreativen Kraft des Ressentiments (Taubes 1987).

22 »Wenn einmal die ewigen Lampen vor allen katholischen Altären von demselben Elektrizitätswerk gespeist werden, das die Theater und Tanzlokale der Stadt beliefert, dann wird der Katholizismus dem ökonomischen Denken auch gefühlsmäßig eine begreifliche, selbstverständliche Sache geworden sein« (Schmitt 1984 [1923]: 27). Siehe hierzu das folgende Kapitel 2.

23 »Das geschieht durch den Geistlichen im ›Prozeß‹ – und zwar an einer so ausgezeichneten Stelle, daß man vermuten könnte, der Roman sei nichts als die entfaltete Parabel« (Benjamin 1981 [1934]: 20).

24 Das nicht-etymologische ›h‹ wurde im Mittelalter dem uis vorangestellt, um es in einer Schreibweise, die u und v nicht unterschied, von vis abzugrenzen, denn man muss ja die Tür vor der Macht von der Macht abgrenzen.

25 Vgl. Zanetti 2010.

26 Vor dem Gesetz stehen meist Vortexte, Präambeln (Fögen 1995).

27 »Ich bin der Bote in der Kette [...] (Schluß des Epheserbriefes, Eph. 6,20)« (Schmitt 2015 [1991]: 170).

28 Auf die Wortähnlichkeit im Hebräischen zwischen Königen (*melachim*) und Kurieren (*mal'achim*: Engel, Boten) verweist Zanetti (2010: 88).

29 Vgl. Mionskowski 2015: 428.

30 »Weil sie sich definitionsgemäß auf nichts anderes stützen können als auf sich selbst, sind der Ursprung der Autorität, die (Be)gründung oder der Grund, die Setzung des Gesetzes in sich selbst eine grund-lose Gewalt(tat)« (Derrida 1991 [1990]: 29).

31 »La porte de *félicité* sépare la station des officiers de l'intérieure, chargés du service de la personne du Sultan, de celle des officiers de l'extérieur composant sa cour. Ces officiers, appelés *Aghas de l'exterieur* (Aghayan biroun), forment une classe bien distincte de celle des *Aghas de l'intèrieur*; ils tiennent, par leurs charges, et à l'État et à la Cour. Logés dans les bâtiments qui bordent les deux cours du sérail,

il leur est permis de le quitter vers le coucher du soleil, et de passer la nuit dans leurs maisons, au lieu que les serviteurs particuliers du Sultan ne peuvent pas s'absenter du palais. Les premiers ont la liberté de porter la barbe longue; les seconds, assimilés à des domestiques, doivent avoir le menton rasé.« (Mouradgea d'Ohsson 1824: 6)

32 Abgedruckt zwei Jahre später in der Zeitschrift *Catholica* (Peterson 1994 [1936]).

33 »Der Begriff des ›Charisma‹ (›Gnadengabe‹) ist altchristlicher Terminologie entnommen. Für die christliche Hierokratie hat zuerst Rudolf Sohms Kirchenrecht der Sache, wenn auch nicht der Terminologie nach den Begriff, andere (z. B. Holl in ›Enthusiasmus und Bußgewalt‹) gewisse wichtige Konsequenzen davon verdeutlicht. Er ist also nichts Neues« (Weber 1922: 124). Und: »Das Charisma kann sein und ist selbstverständlich regelmäßig ein qualitativ besonderes: dann folgt daraus von innen her, nicht durch äußere Ordnung, die qualitative Schranke der Sendung und Macht seines Trägers. [...] Es kann dies, weil es, seinem Wesen nach, kein stetiges institutionelles Gebilde ist, sondern, wo es in seinem ›reinen‹ Typus sich auswirkt, das gerade Gegenteil« (Weber 1922: 753–754).

34 Man wird diese Auseinandersetzungen im Kontext des Ersten Vatikanischen Konzils 1870 und dem dort verkündeten Unfehlbarkeitsdogma wie auch generell im Kontext des deutschen Kulturkampfs zu interpretieren haben (vgl. Sohm 1970 [1923, 2. Aufl., zuerst 1892]: 458).

35 Politische Theologie wird hier verstanden als Indienstnahme des Glaubens für die Rechtfertigung weltlicher Herrschaft.

36 Insbesondere in der Einleitung zu ihrer zweiten Auflage (Sohm 1912).

37 »Es ist unmöglich, das Recht lediglich aus sich selber darzustellen und zu begreifen. Die rein juristische Behandlung hat bloß formalen Wert. Das Recht nimmt seinen Inhalt nicht aus sich selbst, es empfängt ihn von den anderen Mächten, auf dem Gebiet des Kirchenrechts von den geistlichen Mächten des menschlichen Lebens« (KR: XI).

38 »Das Leben des Volk Gottes mit Gott kann an keine bestimmte Versammlung, an nichts Äußerliches, nichts Rechtliches geknüpft werden. Es ist unmöglich, kirchliche Rechtsordnung und Kirche Christi in Beziehung miteinander zu setzen. Das Leben des Volkes Gottes schließt alles Körperschaftliche aus« (WUK: XXXI). »Es gibt für das Urchristentum nur den religiösen Kirchenbegriff. Daher hat die Kirche des Urchristentums, die sichtbare Christenheit (sie ist die Kirche Christi) mit körperschaftlicher Verfassung nichts zu tun« (WUK: XXXI).

39 »Das Wort wird in der Gemeinde durch jeden gepredigt, welchen der Geist Gottes treibt nach dem Maße der ihm verliehenen Gabe (Charisma), und wie das verfassungsmäßig bestellte Amt mit der eigentümlich geistlichen Thätigkeit der Lehre nicht betraut ist, so ist

umgekehrt (nach der herrschenden Auffassung) mit Wortverkündigung und Lehrgabe (wie sie z. B. Apostel, Propheten, Lehrer besitzen) eine Teilnahme an Verwaltung und Disciplin in der Gemeinde nicht verbunden« (KR: 6). Erst in späterer historischer Entwicklung habe sich das Verwaltungsamt die ›Lehre‹ [also das Charisma] angeeignet (vgl. KR: 6–7).

40 »[W]elche mächtige Energie, aber zugleich welche gefährliche, das geistliche Wesen der Kirche zerrüttende Macht wird diese Organisation entfalten sobald solche geistliche Gewalt später zugleich zu dem Range einer rechtlichen, formal zuständigen und formal verbindlichen Gewalt erhoben sein wird?« (KR: 55–56)

41 »Er hat auf allen Stufen der Kirchenverfassung an die Stelle des göttlichen Geistes, welcher die Ekklesia leiten und in alle Wahrheit führen soll, menschliche Gewalthaber gesetzt, welche kraft formalen Rechtes beanspruchen, an der Statt Gottes die Christenheit zu regieren. Das Gewissen ist dem Recht ohne Widerrede unterthan gemacht worden. An Stelle des Glaubensgehorsams, welcher kraft innerer Überzeugung der göttlichen Wahrheit folgt, ist auf allen Stufen der kirchlichen Organisation der kraft äußerlicher Gründe geforderte Rechtsgehorsam getreten. Aus einer geistlichen Gemeinschaft ist unter den Händen des Katholicismus eine Rechtsgemeinschaft, aus dem Leibe Christi ein mit irdischer Gewalt regierter Rechts- und Verfassungskörper geworden« (KR: 456).

42 Kritisch zu Sohms idealisierender Luther-Deutung schreibt Troeltsch: »Die Paradoxie der Sohmschen Darstellung entsteht nun dadurch, daß sie den überidealistischen Wunder- und Glaubensbegriff des Luthertums von der Kirche, den dieses selbst durch ein sehr realistisches weltliches Kirchenregiment ergänzt hat, wie etwas auch ohne diese Ergänzung existieren Könnendes und Sollendes behandelt« (Troeltsch 1994 [1912]: 513, Fn. 231). Und: »Der Idealbegriff der Kirche als einer lediglich durch das Wort sich selbst frei bildenden und regierenden Anstalt ist eine Utopie des Geistes. […] Sohm interpretiert den lutherischen Amtsbegriff ganz einfach aus dem urchristlich charismatischen Gedanken und überschätzt die eigenen Ausführungen Luthers über den charismatischen Charakter des Amtes« (ebenda: 520, Fn. 235).

43 »[D]ie soziologische Eigenart dieser Art von Gewaltstruktur« – von Sohm gedanklich konsequent herausgearbeitet – »kehrt, obwohl auf religiösem Gebiet oft am reinsten ausgeprägt, sehr universell wieder« (Weber 1922: 833).

44 »Die charismatische Herrschaft ist in allen Dingen, und so auch in ihrer ökonomischen Substruktion, das gerade Gegenteil der bürokratischen« (Weber 1922: 833).

45 Politisch: »Über dem Parlament steht also damit der faktisch ple-

biszitäre Diktator, der die Massen vermittels der ›Maschine‹ hinter sich bringt, und für den die Parlamentarier nur politische Pfründner sind, die in seiner Gefolgschaft stehen« (Weber 1992 [1918]: 49).

46 Etwa auf den Aufsatz Rudolph Sohms »Die sozialen Aufgaben des modernen Staates« (1898). Siehe auch seine Anmerkung: »Ich habe Max Weber damals persönlich erlebt und war sogar Mitglied seines Dozenten-Seminars Winter 1919/20: Ein Revanchist, das Radikalste von allem Revanchismus gegenüber Versailles, was ich je erlebt habe – wenigstens an starken Redensarten, neben denen auch Scheidemanns ›verdorrte Hand‹ harmlos klingt« (Breuer 2012: 81).

47 Colliot-Thélène und Engelbrekt diskutieren die kritische Position Schmitts in Hinblick auf Weber, beziehen sich aber hauptsächlich auf Methodenfragen und Wissenschaftstheorie. Engelbrekt klassifiziert Schmitts Beitrag zur Erinnerungsgabe als »assault [on] Weber's liberalism«, als »adversarial approach« (Engelbrekt 2009: 670). Dem ist zuzustimmen, aber Engelbrekt wie Colliot-Thélène – wie auch Ulmen – entgeht die zentrale Rolle der Auseinandersetzung um das Charisma-Konzept und dessen konfessionelle Prägung und die Auseinandersetzung über den daraus abgeleiteten Form-Begriff (Baier et al. 2009; Breuer 1994b; Colliot-Thélène 1999; Engelbrekt 2009). Siehe bei Engelbrekt: »The role of religion in the beliefs of both scholars will not be further explored here, as it is not expressly discussed in the 1923 chapter«! (Engelbrekt 2009: 674) Das verhält sich exakt so auch bei Anter, der Schmitt zwar als »Opponenten« Webers bezeichnet, aber dabei ebenfalls den Kern der Auseinandersetzung verfehlt und gerade nicht versteht, worauf Schmitts zentraler Angriff zielt, wenn Anter meint, dass »Webers Werk [...] beim besten Willen nicht als politische Theologie zu rubrizieren« sei (Anter 2016: 90). Ulmen (1991) interpretiert Schmitts *Römischer Katholizismus und politische Form* als Gegenschrift zu Webers *Protestantische Ethik* – aber auch dieser Lesart entgehen die wesentlichen Kritikpunkte, die in Schmitts Beitrag zur Erinnerungsgabe für Weber formuliert werden (siehe unten, Fn. 60). Mehring will in Schmitts *Begriff des Politischen* eine »antithetische Antwort« auf Max Webers *Politik als Beruf* sehen (Mehring 1990). Aber die Einnahme einer Gegenposition zu Weber, so das hier entwickelte Argument, findet bei Schmitt früher und viel grundsätzlicher statt.

48 Erst später entstanden die Pläne für eine gesonderte Veröffentlichung (Schmitt 2014 [1921–1924]). Die Veröffentlichung in der Erinnerungsgabe für Max Weber war ohne das in der Buchveröffentlichung dann angehängte Kapitel IV: »Zur Staatsphilosophie der Gegenrevolution (de Maistre, Bonald, Donoso Cortes)« – es waren also zunächst nur »Drei Kapitel zur Lehre von der Souveränität«.

49 Damit ist es auch ganz unmöglich, dass Schmitt mit *Politische Theologie*

angeblich auf eine Abhandlung Kelsens von 1923 reagiert (Lennartz 2018: 75) oder auch nur auf eine Kelsens von 1922 (Vatter 2016: 247).

50 Die Referenz auf Comte ist natürlich selbst völlig abgründig und trieft vor Sarkasmus, hat doch dieser Prophet der Kirche des Positivismus in seinem ›soziologischen‹ Werk zugleich eine ausgeklügelte Liturgie und einen elaborierten Ritualkatalog entworfen, wie den der neuen Gottheit des Rationalismus, *Le Grande Fétiche*, zu verehren und anzubeten sei, nämlich unter anderem in 84 über das Jahr verteilten Feiertagen sowie in täglichen zweistündigen Gebeten: morgens nach dem Aufstehen, mittags, und »abends im Bett. Er schreibt sogar die Körperhaltung vor: Die Morgengebete werden knieend aufgesagt, die Abendgebete in einer Schlafhaltung, damit der Einfluss des Gebets bis in die Träume des Gläubigen hineinwirkt« (Nussbaum 2016: 103–104).

51 Wer dieser Formel nachgeht, der wird bemerken, dass Weber sie bereits im *Grundriss der Sozialökonomie* zitiert, Schmitt sie dann im Vorwort zur zweiten Auflage der *Politische Theologie*-Schrift von 1934 als ein Beispiel für »zahlreiche neue Anwendungsfälle der Politischen Theologie« anführt (Schmitt 2004 [1922]: 7). Diese ansonsten nahezu unveränderte zweite Auflage der Schrift unter dem neuen Regime soll für Erik Peterson der konkrete Anlass zu seiner *Monotheismus*-Schrift gewesen sein, zu seinem Versuch einer Erledigung jeder Politischen Theologie, in dem das Zitat ja ebenfalls eine sehr wichtige Rolle spielt (Peterson 1994 [1935]; Schmitt 1984 [1970]).

52 Hier, so könnte man sagen, werden »die Mittel unmittelbar« (Schmitt 2015 [1991]: 190).

53 »Der Theologie wie der Rechtswissenschaft als Wissenschaften spezifischer Art ist eine innere Spannung wesentlich, durch welche der Gedankengang erst in Bewegung gerät, ähnlich wie die gegensätzlichen Ausgangs- und Endspannungen der echten Naturwissenschaften: Plus und Minus, voll und leer, Corpuskeln und Wellen usw. Diese kann in der Theologie z. B.: Unendlich – endlich sein; natura naturans – natura naturata, potestas constituens und pot. constituta (*Diktatur*, S. 142); Substitution und Dezision, Charisma und Amt; Pneuma und Tradition, vgl. den fabelhaften Aufsatz von Hans Barion über Rudolf Sohm, Deutsche Rechtswissenschaft, Januar 1942. Aber ist das Unendliche nicht gerade die Nicht-Form? Schlägt hier nicht das Formlose durch? Hier grenzt die Jurisprudenz an die Theologie und findet an ihr den Halt, ohne den sie versinkt. Richtig. Die Theologie hat diesen Halt nicht an einer andern Wissenschaft, sondern an der ›Offenbarung‹ direkt« (Schmitt 2015 [1991]: 388).

54 Eine polemische Äußerung wie die Erik Petersons, »[g]eistig-soziologisch korrespondiert die evangelische Kirche ungefähr dem geistigen und soziologischen status der Deutsch-nationalen Volks-

partei« (Peterson, Brief an A. v. Harnack vom 1.7.1928; Peterson 1994 [1935]: 181), darf man wohl für ein Echo seiner Bonner Gespräche mit Schmitt halten, schon allein, weil hier ›geistig-soziologisch‹ recht genau auf das zielt, was Schmitt in *Politische Theologie* als Begriffssoziologie bezeichnet hatte.

55 Hieraus würde sich dann auch erklären, warum die Belege für Schmitts Säkularisierungs-These im Text selbst über »anscheinend Triviales hinaus nicht entfaltet« werden (Scholz 1983 [1978]: 153), zumindest der allein angebrachte Beleg, die Strukturanalogie von juristischer Ausnahme und theologischem Wunder, in einem gewissen Kontrast zur Pauschalität der These selber steht.

56 Auch Heinrich Meier wird sich dieses Zusammenhangs offensichtlich nicht bewusst (Meier 2012). Wer Schmitts 1922er Schrift vor allem unter dem Blickwinkel des Dialogs unter den Abwesenden Schmitt und Leo Strauss liest, entwickelt für die anwesende Abwesenheit Max Webers offensichtlich kein Gespür.

57 Gary Ulmen will in der *Römischer Katholizismus und politische Form*-Schrift den Versuch eines Gegenentwurfs zu Webers *Protestantischer Ethik* sehen (Ulmen 1991). Einige der Anmerkungen über die neue Religion des Privaten sind sicherlich in diese Richtung zu lesen. Die Kritik an Weber ist aber zunächst eine, die aufs Politische statt aufs Wirtschaftliche zielt.

58 Verwunderung über die so späte Wiederaufnahme einer »für die Zeitgenossen […] intransparent gewordenen« Auseinandersetzung, zudem posthum, zeigte schon Gustav Kafka in seiner Besprechung: »warum sich Carl Schmitt eigentlich über ein paar Worte in einem 1935 erschienenen, heute freilich immer noch oft zitierten Buche so aufregt, obwohl er massivere frontale Angriffe von Zeitgenossen zu ignorieren pflegt« (zitiert nach Schmitz/Lepper 2007b: 121).

59 Für »Schmitt war das Politische ebenso theologisch, wie es für Weber das Geld war – nämlich überhaupt nicht« (Rasch 2003: 39). Siehe auch Marschler: »Dieser Begriff, wie Carl Schmitt ihn im Werktitel einführt, ist […] nicht ein theologischer im strengen Sinne, also als Bezeichnung für einen Vollzug der Kirche oder ein Tun des Gottesgelehrten, sondern an erster Stelle eine Kategorie in der Beschreibung jenes Säkularisierungsvorgangs, der als Wille zur Neutralisierung kirchlicher Begriffe ins Politische erkennbar wurde« (Marschler 2004: 395).

60 Neumanns Einordnung »Theologie – was sonst!« (Neumann 2015: 42) ist frei assoziiert und kann als einzigen Textbeleg für ihre Lesart nur den Titel der Schrift selber anführen. Die Abqualifizierung von Schmitts Schrift als »Theorie des gelungenen Staatsstreichs« (ebenda: 51–52) verlegt sich dann gänzlich aufs Insinuieren (und aufs wiederholte Selbstzitat; Neumann 1980). Neumann kann also

mit diesem Schlüsseltext offenkundig nichts anfangen – was angesichts des Umstands, dass er im engsten »zeitlichen, stofflichen, und systematischen Zusammenhang« mit anderen zentralen Werken Schmitts, *Politische Romantik*, *Die Diktatur*, *Die geistesgeschichtliche Lage des heutigen Parlamentarismus* steht, misslich ist (Schmitt 1984 [1970]: 28, Fn. 5). Tatsächlich repräsentieren ja die Schriften dieser Jahre, einschließlich der frühen rechtsphilosophischen Arbeiten *Gesetz und Urteil* sowie *Wert des Staates und Bedeutung des Einzelnen* ein »beziehungsreiches Kreisen um das übergreifende Thema des Übergangs der ›Idee‹ des Rechts zur *Wirklichkeit*«, und erst wenn man dies versteht, kann sich ein »Bild dessen ergeben, was Schmitt unter Politische Theologie versteht« (Spindler 2011: 222; Hervorhebungen im Original). In Hofmanns sonst exzellenter Studie wird die theologische Thematik der Schrift nicht näher adressiert (»diese Arbeit vernachlässigt Schmitts ›Politische Theologie‹«; Hofmann 2010 [1964]: XXXV), oder – wo dann doch behandelt, nämlich in den umfangreichen Bemerkungen zur Neuausgabe von 1992 (ebenda: XXXV-XL) – wird er ihr nicht völlig gerecht (vgl. Barion 1984 [1958]: 607, Fn. 25). Auch Hofmann unterstellt Schmitt entweder den Willen, Theologie zu treiben oder sieht das Programm der Politischen Theologie rein in Begriffssoziologie aufgehen.

61 Das Zitat im Zitat ist von Schelsky.

62 Vgl. Schmitt 2015 (1991): 101; Sohm 1970 (1923, 2. Aufl., zuerst 1892): 456. Im *Glossarium* auch der Eintrag: »Zu Rudolf Sohm: Seine Antithese von Liebe und Recht, Geist und Welt, Charisma und Amt ist doch wohl nicht so rein lutherisch wie es scheint. Sie ist stark gereinigt, und zwar durch den Reinheitsbegriff der Philosophie des deutschen Idealismus: Idee und Wirklichkeit; die Verwirklichung der Idee ist Pflicht und Schuld zu gleicher Zeit.« (Schmitt 2015 [1991]: 150)

63 Und aus dem gleichen Grund geht auch das von Wilhelm Hennis geprägte Aperçu vom »gläubigen Katholiken [Schmitt, PM] und ungläubigen Protestanten [Weber, PM]« grundsätzlich an der Sache vorbei. Weber erweist sich hier als ungleich ›gläubiger‹ als Schmitt.

64 »Among the intellectual positions that helped Schmitt develop his attitude toward the State, which consists at once of detachment and deep involvement, there is, in the first place, counterrevolutionary Catholicism« (Galli 2015 [2008]: 26).

65 Hier ließe sich natürlich die Frage nach den Gründen für die gegenwärtig zu verzeichnende Renaissance eines ›grassierenden Paulinismus‹, insbesondere bei Badiou, Žižek, Agamben oder Santner anschließen (vgl. Finkelde 2007). Die Antwort, durch unseren Kontext nahegelegt, würde lauten: Es handelt sich erneut um Siegergeschichtsschreibung, diesmal nur als Opfergeschichtsschreibung –

mit all' den souveränen und subjektiven Gesten, die das ermöglicht. In der Quintessenz ein vielleicht gar nicht so verblüffender Befund: Es sind Legitimationsdiskurse im Spätkapitalismus. Die Rhetorik der Ergriffenheit, die Michael Neumann in den Diskursen der Zwischenkriegszeit identifiziert, kennzeichnet damit auch die heutigen intellektuellen Posen: »Gegenüber dem überkommenen Sinn in Geschichte und Gegenwart macht sich eine Wahrheit geltend, in deren Namen Texte verfasst werden, die ebenso wie die paulinischen Briefe die Distanz zur Gemeinde und die Einsamkeit des Schreibens als Voraussetzung ihres eigenen Wissens inszenieren, Autorschaft verbindet sich also mit jener Auftragsstruktur, die das Subjekt der Schrift als Medium der unbedingten Wahrheit vorstellt« (Neumann 2010: 34). Die poststrukturalistischen Grabreden auf den ›Autor‹ lassen sich daher auch aufs Schönste mit heroischen Gesten solitärer Autorenschaft und singulärer Erkenntnis verbinden.

66 Anzunehmen, dass Schmitt von der Beschäftigung Petersons mit Paulus in den gemeinsamen Bonner Jahren nichts mitbekommen hätte, ist absurd, nicht nur angesichts des äußerst intensiven wöchentlichen Gesprächs zwischen beiden (so aber Nichtweiss 1992: 759, Fn. 295), das sich ja in einer Formulierung wie der Petersons von Paulus als dem ›Apostel der Ausnahme‹ niedergeschlagen hat. »Petersons erste exegetische Vorlesung überhaupt, mit der er zum Wintersemester 1924/25 an der Bonner Evangelischen Fakultät debütierte, [war] gleich der Paulinischen Theologie gewidmet« (Weidemann 2006: XVI). Sein ›Lehrprogramm‹ umfasste weiterhin im Sommersemester 1925 u.a. den Römerbrief und im Sommersemester 1926 den Ersten Brief an die Korinther (vgl. ebenda: XIX). Schmitt zitiert ja in PT II direkt Petersons Anmerkungen zu Paulus aus dem Kirchen-Traktat von 1929 (Schmitt 1984 [1970]: 52, Fn. 3). Der Hinweis auf Paulus in PT II zielt eben gar nicht auf Peterson, sondern auf den Zusammenhang Sohm/Weber und auf deren Charisma-Konzept, oder nur insoweit auf Peterson, indem er ihn auf den eigentlichen Adressaten der Politischen Theologie-Schrift aufmerksam machen muss.

67 Laut Selbstauskunft Petersons war die Absicht seines »Buches, der ›Reichstheologie‹ einen Stoß zu geben« (Peterson 2004: 247).

68 Wie das mit Schmitts Hegel-Rezeption zusammenhängt, wäre Thema einer eigenen Abhandlung. Hierzu hilfreiche Hinweise auf die zeitgenössische Literatur bei Niethammer 2000.

69 Es ist eine thematisch hiermit eng zusammenhängende, gleichwohl anders gelagerte Frage, ob Schmitt bezüglich der (Legitimität der) politischen Wirksamkeit der Katholischen Kirche zwischen 1922 und 1938 seine Position verändert hat (Barion 1984 [1958]). Dass sie *faktisch* ein ›weltgeschichtlicher Machtfaktor‹ war und weiterhin ist,

kann dabei nicht Gegenstand der Debatte sein. Ob ihr dazu auch ein Recht zukommt, wäre theologisch und juristisch vermutlich unterschiedlich zu beantworten. Für Schmitt besitzt allein das juristische Urteil Relevanz. 1938 formuliert Schmitt, mit Hobbes, eine sehr explizite »Kritik an der politischen Form der Kirche [...], die deren Wesen in der Potestas indirecta sieht und diese [...] als eine Zumutung für den ablehnt, der im politischen Raum existieren muß« (Barion 1984 [1958]: 606, Fn. 22). Eine schon im *Begriff des Politischen* angelegte »thetische Zerschneidung der geschichtlichen Nabelschnur zwischen Theologie und Politik« (ebenda) lässt sich somit vollziehen. Ob sich dies in *Politische Theologie* (1922) oder in *Römischer Katholizismus und politische Form* (1923) wesentlich anders argumentiert findet, erscheint mir fraglicher als bei Barion dargestellt. Zumindest schon die Freund/Feind Unterscheidung (Schmitt 1988 [1927], 2018) bietet eine »lückenlose Begründung eines eigenständigen Begriffs des Politischen« (ebenda), ohne dass die Frage der potestas indirecta in die eine oder die andere Richtung beantwortet wäre. Diese auf die Freund/Feind-Unterscheidung abstellende Definition des Politischen reagiert ja aber auf die auch schon 1922, in *Politische Theologie*, in Rechnung gestellte Säkularisierung. Hinzu kommt: selbst wenn man juristisch für ein politisches Recht der Kirche argumentieren könnte, wäre gesellschaftlich, und das heißt politisch, hierfür wohl keine Verbindlichkeit mehr herzustellen. Erneut ist aber zu betonen: eine politische Tätigkeit mit konfessioneller Motivation ist nicht schon Politische Theologie. Insofern ist auch fraglich, ob Barions Kritik an Schmitt wirklich fundamentaler und herausfordernder ist als die Petersons (Spindler 2011: 21–22). Peterson bezieht sich auf Schmitts *Politische Theologie*, Barion auf sein *Römischer Katholizismus und politische Form*. In beiderlei Hinsicht – Einfluss metaphysischer/theologischer Grundpositionen auf fundamentale Konzeptionen des Politischen, oder (legitime) politische Wirkmächtigkeit der Katholischen Kirche – nimmt Schmitt ja keine theologischen, sondern juristische (und politische) Positionen ein. Diese sind weder durch Peterson, noch durch Barion (oder das Zweite Vatikanische Konzil) ›erledigt‹. Es mag gut sein, dass Schmitt hier, zwischen *Römischer Katholizismus* und *Der Leviathan in der Staatslehre des Thomas Hobbes* einen Positionswechsel hinsichtlich seiner Beurteilung der Legitimität der potesta indirecta der Katholischen Kirche vollzogen hat (und es war dieser Positionswechsel, den seine katholischen Bonner Freunde Neuß und Peterson 1938 so empörte). Aber die Möglichkeit einer ›thetischen Zerschneidung der historischen Nabelschnur zwischen Theologie und Politik‹ war davon doch nicht abhängig. So trifft es m. E. *nicht* zu: »erst jetzt, nachdem er die früher noch anerkannte legitime Fähigkeit der Kirche zu unmittelbarer politischer Repräsentation pro tempore in Frage stellt« sei Schmitt die lückenlose Begründung eines eigenständigen Begriffs des Politischen möglich geworden (Barion 1984 [1958]: 606–607; vgl. Nichtweiss 1994: 57). Der Begriff des Politischen war 1927 gefunden, nicht 1938.

70 Dies alles sieht von der Frage ab nach der Belastbarkeit des empirischen Materials, das Petersons Monotheismus-Abhandlung präsentiert (dazu sehr detailliert und sehr kritisch Schindler 1978). »So wenig sich *historisch* Petersons Anti-Monotheismus-These halten lässt, so wenig trifft sie Carl Schmitts Politische Theologie, die an den Monotheismus-Problemen und an der Trinität weder negativ *noch* positiv interessiert war« (Scholz 1983 [1978]: 159, kursiv im Original). Aber in dieser Hinsicht hatte schon Schmitts Replik eigentlich nichts mehr von Petersons Argumenten übriggelassen.

71 »Quis iudicabit de abusu?!!«, so Hans Barion in einem Brief an Schmitt, zitiert nach Marschler 2004: 404.

72 Dabei liefert Petersons These, die von der theologischen Erledigung jeder Politischen Theologie, schließlich ihr eigenes Dementi, ist sie doch im Endeffekt nichts anderes als eine »politische Antwort auf eine politische Frage«, nämlich lediglich eine auf dem »Wege der scheinbar rein historischen Beweisführung [...] (verfremdete) systematische Position gegen seine ›Feinde‹ in der Krisensituation protestantischer Theologie des Jahres 1935« (Marschler 2004: 404) – eine Intervention im Sinne einer ›richtigen‹ Politischen Theologie, nämlich die Petersons, gegen eine ›falsche‹.

73 Es schließt sich der Kreis und zeigt sich das Niveau, wenn man es dann für eine gute Idee hält, das ›Phänomen Hitler‹ mithilfe des Charisma-Konzepts zu erklären (Wehler 2016). Siehe dazu Schmitts Eintrag ins *Glossarium* vom 4. 9. 1947: »Der protestantische Ursprung: Charisma gegen Institution; Charisma verweltlicht zu Genie; das gibt den absoluten Führer; daran ist auch Max Weber hervorragend beteiligt; das alles war geistesgeschichtlich unabwendbar.« (Schmitt 2015 [1991]: 8) Vergleiche auch den Eintrag zum 15. 5. 48.

74 So ist Rationalisierung auch bei Habermas ein »Prozessbegriff krassesten Charakters« (Joas 1986 [2002]; 2019: 364).

75 Zuletzt sogar noch diffuser mit Referenz auf eine ›Lebensweise, europäische‹.

76 Noch 1927 hatte Schmitt es für »etwas voreilig« bezeichnet, den Staat bereits für tot zu erklären (Schmitt 1988 [1927]: 67). 1963 erschien ihm der Tod des Staates dann bereits als so offensichtlich, dass es keiner weiteren Diskussion mehr bedürfe: »Die Epoche der Staatlichkeit geht jetzt zu Ende. Darüber ist kein Wort mehr zu verlieren« (Schmitt 2018, Vorwort zur Ausgabe von 1963; vgl. Quaritsch [1970]). Der Satz von dem Schlachten des Leviathans findet sich bereits in Schmitt (1988 [1930]: 133), Hinweise auf Schmitts Faszination an der

kabbalistischen Deutung der Leviathangeschichte finden sich schon 1924 in den Tagebüchern.

77 Siehe Schmitt 1982 (1938): 6. Die Vorbemerkung ist auf seinen Geburtstag, den 11. Juli, vordatiert. Das Jahr 1938 markierte natürlich auch den 350. Geburtstag Thomas Hobbes, den Schmitt im *Leviathan*-Buch einen »unvergleichlichen politischen Lehrer« nennt (ebenda: 131).

78 Zwischen 1893 und 1936 gab es keinen deutschen Walfang, aber schon in der Saison 1937/38 waren um die 1.400 deutsche Seemänner im Walfang beschäftigt (Scholl 1988, 1991), Mehring nennt die Zahl 1.800.

79 Inmitten des Krieges schreibt Schmitt: »Was würde der tier- und menschenfreundliche Michelet erst sagen, wenn er den heftigen Zustand der industriell gewordenen Walöl-Gewinnung und Walkadaver-Verwertung sähe! Denn man kann nicht mehr Jagd und kaum noch Fang nennen, was sich heute, nach dem Weltkrieg 1914–1918, unter dem Namen des ›pelagischen‹ Fanges herausgebildet und immer mehr vervollkommnet hat. Heute fahren große Schiffe, bis zu 30.000 Tonnen, mit elektrischen Maschinen, Kanonen, Granaten, Flugzeugen und Funkgeräten ausgerüstet gleich als schwimmende Kochereien in das Eismeer am Südpol. Dorthin hat sich der Wal geflüchtet, und dort wird das tote Tier gleich auf dem Schiff industriell verarbeitet. So wäre der arme Leviathan bald von unserem Planeten verschwunden gewesen. In den Jahren 1937 und 1938 ist es endlich in London zu einer internationalen Vereinbarung gekommen, die der Waltötung gewisse Regeln gibt, die Fangfelder einteilt und ähnliches vorsieht, damit wenigstens der noch lebende Rest vor weiterer planloser Ausrottung geschützt werden kann« (Schmitt 1942: 21).

80 »Dazu kamen noch andere ›Kinder der See‹. Insbesondere die fabelhaften Walfischjäger. [...] Ihr Werk war die Vermählung menschlicher und politischer Existenz mit dem neuen Element, dem Weltozean. [...] Nicht eine staatliche Organisation, sondern der Privateer war der geschichtliche Träger der Entscheidung für die See und gegen das Land. [...] Jetzt erst bricht die europäische Welt und ihre völkerrechtliche Ordnung in zwei Teile nach Land und Meer auseinander« (Schmitt 1942: 94–95).

81 Vier Jahre später, in dem schmalen Buch *Land und Meer*, das viele der Themen des *Leviathan*-Buchs wieder aufnimmt, führt Schmitt hierzu weiter aus: »Die Kabbalisten sagen nun, der Behemoth bemühe sich, den Leviathan mit den Hörnern oder Zähnen zu zerreißen, der Leviathan dagegen halte mit seinen Fischflossen dem Landtier Maul und Nase zu, daß es nicht essen und nicht atmen kann. Das ist, so anschaulich wie es eben nur ein mythisches Bild vermag, die Schilderung der Blockade einer Landmacht durch eine

Seemacht, die dem Land die Zufuhren abschneidet, um es auszuhungern« (Schmitt 1942: 9).

82 Die Einfuhr von Nitrat, das Deutschland vor allem aus Chile bezog, wurde 1914 durch die britische Seeblockade unterbunden (Weinreb 2019). Nitrat, als Dünger und als Bestandteil von Nitroglyzerin zentral für die Munitionsproduktion, lag ebenfalls an der Schnittstelle zwischen Ernährung und Krieg. Die Erfindung des Haber-Verfahrens sicherte dann die Unabhängigkeit Deutschlands von den Nitratimporten – aber steigerte zugleich die Nachfrage nach Glyzerin.

83 Das *Leviathan*-Buch von 1938 berührt ein weiteres Thema, das Schmitt sowohl theoretisch als auch ganz praktisch beschäftigte (Schmitt 1982 [1938]: 58) – unbeherrschbare Sexualität. Siehe auch den »Eintrag vom 11. November 1948« in Schmitt 2015 (1991): 156. Auch in diesem Zusammenhang ist der Leviathan von zentraler Bedeutung. Aber das wäre ein gesondertes Thema.

84 Vgl.: »In such condition, there is no place for industry; because the fruit thereof is uncertain; and consequently no culture on the earth; *no navigation, nor use of the commodities that may be imported by sea*; no commodious building; no instruments of moving, and removing such things as require much force; *no knowledge of the face of the earth*; no account of time; no arts; no letters; no society« (*Leviathan*, hg. von Ian Shapiro, New Haven 2010, XIII, 9; meine Hervorhebung). Dagegen siehe Hont 2010.

85 Schmitt spricht von den ›tragenden Größen‹, oder »politische[n] Größen [...], die Träger und Gestalter der völkerrechtlichen Ordnung sind« (Schmitt 1982 [1938]: 304).

86 Preislich würde das einer Differenz von etwa 7 £ pro Tonne entsprechen (7,33 Barrels ≈ 1 Tonne), was erstmal nicht nach besonders viel klingt, aber über die Menge gerechnet und bei Devisenknappheit einen Unterschied machen kann.

87 Das Folgende basiert hauptsächlich auf Scholls Ausführungen.

88 Schmitts Privatbibliothek listet zwei Bücher des norwegischen Professors für Völkerrecht Gustav Smedal auf, die sich mit den Ansprüchen Norwegens in der Arktis und Antarktis beschäftigten (Smedal 1931, 1943). Wenig überraschend, argumentiert Smedal gegen die Aufteilung der Antarktis nach Sektoren, die den ›angrenzenden‹ Nationen zustünden. Ganz im Sinne Schmitts und in Übereinstimmung mit dessen Argumenten in *Nomos der Erde* argumentierte er: »This principle breaks with the rule of ›effective occupation‹ of international law and cannot be accepted as a legal principle. It resembles the phantastic division of the earth that was undertaken in the 15th century in response to the great discoveries. But today we have to consider these divisions as mere curiosities and we have distanced us from them since long« (Schmitt 1997 [1950]; Smedal 1943: 14).

89 1952 vom damaligen Staatssekretär im Auswärtigen Amt, Walter Hallstein, im Bundesanzeiger veröffentlicht (Hallstein 1952). Eine komplette Übersicht über die Namensgebung aufgrund der deutschen Antarktis-Expedition und ihre teilweise bis heute reichende Gültigkeit bei Lüdecke/Summerhayes 2012: 230–237.

90 Für eine kurze Darstellung seiner Regierungspositionen und seines Einflusses in Fragen der Devisenbewirtschaftung, Fettversorgung und des Walfangs siehe Lüdecke/Summerhayes 2012: 15–17.

91 Eine andere Folge der Expedition sind die vielen, bis heute kursierenden Verschwörungstheorien, sie habe zur Vorbereitung des Exils einer Nazi-Elite im antarktischen Eis gedient (vgl. Summerhayes/Beeching 2007).

92 Wie sehr dies alles Kosellecks brillantes *Kritik und Krise* (1973 [1954]) ankündigt, ist oft vermerkt worden, würde aber sicherlich eine erneute Untersuchung rechtfertigen.

93 Rocha et al. 2014.

94 »Die Kolonie ist die raumhafte Grundtatsache des bisherigen europäischen Völkerrechts« (Schmitt 2009 [1941]: 73).

95 In der völligen Verweltlichung, Diesseitigkeit, Immanenz wird für Schmitt die Herrschaft einer (jüdisch-)utopischen Zeitordnung über eine christlich-eschatologische offenkundig. Die Vorstellung vom kommenden Messias siegt über die vom bereits gekommenen (und nun nur zurückkehrenden, zurück erwarteten): »Schmitt held that ›authentic‹ Christianity could be distinguished from its Jewish predecessor by its anti-utopian eschatological vision of history; this, however selective, was the concept of Christianity which had to be upheld against all the various proponents of a utopian ›New Jerusalem‹. It should not be thought that Schmitt saw the European ›Jewish Problem‹ as simply a clash of religions. The issue, for him, was the direction for modernity as a history of secularization: was the historical process of secularization which began with the early modern sovereign state destined to end in stateless ›utopias‹? [...] ›Authentic‹ Christianity was anti-utopian because it did not promise justice in this world« (Balakrishnan 2000: 223).

96 Welche Psychopoetik hier ausgelöst wird, verdeutlich unter anderem Edgar Wallace propagandistischer Spionageroman *1925. The Story of a fatal peace*, in dem der als Frankfurter Jude dargestellte Schurke versucht, für das Deutsche Reich an britische U-Boot Ortungs-Technologie heranzukommen. Hinweise auf diesen Roman bei Damler 2016; siehe unten.

97 »By 1450, the itineraries of the state galleys alone, that is Venice's official shipping, would if drawn on a map look very like an octopus, with tentacles reaching into the entire area penetrated by Italians outside the peninsula.« (Braudel 2019 [1989]): 30)

98 Tagebuch und Arbeitsnotizen, März 1943 bis Januar 1944, Nachlass Schmitt, Landesarchiv NRW, RW 265-19618: 32. Das führt zur Auflösung des Raums und der raumhaften Ordnung: »Die grenzenlose Durchdringlichkeit der Wellen ist nicht mehr Macht, sondern Einfluß« (Schmitt 2015 [1991]: 141). »Kräfte sind noch nicht geortete Mächte; Mächte sind geortete Kräfte« (ebenda: 142).

99 »Im gekerbten Raum werden Linien oder Bahnen tendenziell Punkten untergeordnet: man geht von einem Punkt zum nächsten. Im glatten Raum ist es umgekehrt: die Punkte sind den Bahnen untergeordnet« (Deleuze/Guattari 1992: 436). So auch Benton: »Crisscrossed by legal corridors and dotted at their edges by competing colonial jurisdictions« (Benton 2010: xii).

100 »Erst von einem Zurechnungspunkt aus bestimmt sich, was eine Norm und was normative Richtigkeit ist« (Schmitt 2004 [1922]: 38).

101 Vgl. Schmitt 2009 (1941): 40. Im Nomos zitiert Schmitt Vorschläge des späten 19. Jahrhunderts, für die ›Neutralisierung‹ europäischer Eisenbahnlinien durch die Gebiete kriegsführender Staaten hindurch (Schmitt 1997 [1950]).

102 MP im House of Commons, Parliamentary Debates, 3rd Series, LXXXIII of 23 February 1846, 1399–1400, zitiert nach Venzke 2021: 6–7.

103 Online Etymology Dictionary; https://www.etymonline.com/word/portal.

104 »In dem Maße, in dem die reine Effektivität sich durchsetzt, hat sie nur noch ein einziges Ordnungsleben in sich, den Staatsbegriff die immanente Ordnung des Staatsbegriffs, aber diese ›besteht‹ in der Gegenseitigkeit einer Rangordnung und diese löst sich auf. Genaue Skala: Auflösung der Raumordnung und Verkrümmung in eine völlig ideenlose, rechtlose Effektivität« (Arbeitsnotizen [Exzerpte, Glossen, Aufzeichnungen], Juli 1944 bis April 1945; Nachlass Schmitt, Landesarchiv NRW, RW 265-19601: 18).

105 Entsprechend fragt Schmitt, welcher Feindesbegriff und welche Raumvorstellung komplementär zur Atombombe sind (Schmitt 2015 [1991]: 136). »Hegel sagt (in den Vorlesungen über die Philosophie der Geschichte, Ausgabe Glockner, S. 508/9): Gegen die Übermacht gepanzerter Ritter wurde ein technisches Mittel gefunden, das Schießpulver. ›Die Menschheit bedurfte seiner und alsobald war es da.‹ Siehst du. Woher kommt also nun die Atombombe? Die Menschheit bedurfte ihrer und alsobald war sie da« (Schmitt 2015 [1991]: 77). Mit der Atombombe vollendet sich die Säkularisierung, weil nun auch die Apokalypse, das Ende der Welt in Menschenhand gelangt ist.

106 Erneut war dies eine sehr einseitige Wahrnehmung, war doch der Ostfeldzug, dessen Verlauf Schmitt aufmerksam verfolgte, einer der Extermination, der sich das Land ohne die Leute aneignen wollte;

das Totalitäre erwies sich damit keineswegs an das Universale gebunden, sondern konnte auch Konsequenz der konkreten Ordnung sein.

107 In der Umkehrung dieser Konstellation, knapp 40 Jahre nach dem Zweiten Weltkrieg, durchkreuzten die britischen U-Boote die ›fleet in being‹-Strategie der argentinischen Marine im Falkland-Krieg (demonstriert an der Versenkung der ARA *General Belgrano* durch die HMS *Conqueror* mit 323 Toten [Harper 1994; vgl. Mahan 1906]).

108 Und weiter: »jeder Versuch, der Macht zu entgehen, wird ein Macht-Versuch; jede Bewegung, die auf Verhinderung oder Beschränkung der Macht gerichtet ist, wird zur Machtergreifung. Es hat keinen Sinn und ist sehr gefährlich, politischen Mythen entgegenzutreten« (Schmitt 2015 [1991]: 136).

109 »Die Grenzziehungen der Pariser Vorortverträge von 1919 waren aber derartig sinn- und ordnungswidrig, dass die Wissenschaft des Völkerrechts in einem ideenlosen Vertragspositivismus abdanken musste, wenn sie sich auf die bloße Systematisierung dieser Vertragsinhalte beschränkte« (Schmitt 2009 [1941]: 8).

110 Siehe Eintrag von Carl Schmitt ins *Glossarium* am 15. 2. 56: »Neues Verbrechen [...]: Abwerbung; in Norwegen werden die Harpuniere, die sich bei ausländischen Walfängern verdingen, mit Entziehung der Staatsangehörigkeit und Einziehung des Vermögens bestraft; werden aber nicht bestraft, wenn sie die Betriebsgeheimnisse des ausländischen Waljägers den Norwegern verraten. Neue Verbrechen, neue Tatbestände, neue Straffreiheitsgründe, neues Strafrecht.« (Schmitt 2015 [1991]: 340)

111 »Die publizierten Nachweise der Fangverstöße waren die Grundlage für einen auf Antrag verschiedener norwegischer Walfangreedereien erwirkten Hamburger Gerichtsbeschluss, aufgrund dessen am 26. März 1956 Walöl im Wert von 300.000 britischen Pfund beschlagnahmt wurde, das Onassis' Walöltanker *Olympic Sun* bei der Tanklagerfirma *Hansamatex* in Hamburg gelöscht hatte [...]. Keinen Monat später, am 20. April, ließ der Norwegische Walfangverband die aus der Antarktis heimkehrende *Olympic Challenger* samt Ölladung in Rotterdam vom Gericht in die Kette legen« (Barthelmess 2009).

112 Siehe hierzu Meinel (i. E.).

Literatur

Adam, Armin (1992), *Rekonstruktionen des Politischen. Carl Schmitt und die Krise der Staatlichkeit 1912–1933*, Weinheim: VCH.

Agamben, Giorgio (2014), *Leviathans Rätsel*, Tübingen: Mohr Siebeck.

Alberts, F. G. (Hg.) (1995), *Geographic names of the Antarctic*, United States Board of Geographic Names, Virginia: Reston.

Altmann, Rüdiger (1988), »Die fortdauernde Präsenz des Carl Schmitt«, in: *Merkur – Deutsche Zeitschrift für Europäisches Denken* 45 (509), 728–34.

Anghie, Antony (2008), *Imperialism, Sovereignty and the Making of International Law*, Cambridge: Cambridge University Press.

Anter, Andreas (2016), *Max Weber und die Staatsrechtslehre*, Tübingen: Mohr Siebeck.

Anzinger, Silke (2007), *Schweigen im römischen Epos: Zur Dramaturgie der Kommunikation bei Vergil, Lucan, Valerius Flaccus und Statius*, Berlin: de Gruyter.

Aravamudan, Srinivas (2009), »Hobbes and America«, in: David Carey/Lynn Festa (Hg.), *The Post-Colonial Enlightenment: Eighteenth-century Colonialism and Post-colonial Theory*, Oxford: Oxford University Press, 37–70.

Armitage, David (2005), »Wider Still and Wider: Corporate Constitutionalism Unbounded«, in: *Itinerario* 39 (3), 501–03.

Baehr, Peter (1989), »Weber and Weimar: The ›Reich President‹-Proposals«, in: *Politics* 9 (1), 20–25.

Baier, Horst u. a. (Hg.) (2009), *Max Weber – Wirtschaft und Gesellschaft. Entstehungsgeschichte und Dokumente* (= Max Weber Gesamtausgabe, 24), Tübingen: Mohr Siebeck.

Balakrishnan, Gopal (2000), *The Enemy. An Intellectual Portrait of Carl Schmitt*, London/New York: Verso.

Ball, Hugo (1924), »Carl Schmitts politische Theologie«, in: *Hochland* (XXII), 263–86.

Barion, Hans (1984 [1931]), »Rudolf Sohm und die Grundlegung des Kirchenrechts«, in: Hans Barion, *Kirche und Kirchenrecht. Gesammelte Aufsätze*, hg. von Werner Böckenförde, Paderborn: Schöningh, 79–103.

— (1984 [1958]), »›Weltgeschichtliche Machtform‹? Eine Studie zur Politischen Theologie des II. Vatikanischen Konzils«, in: Hans Barion, *Kirche und Kirchenrecht. Gesammelte Aufsätze*, hg. von Werner Böckenförde, Paderborn: Schöningh, 599–645.

Barthelmess, Klaus (1993), »A Century of German Interests in Modern Whaling, 1860s–1960s«, in: Bjørn L. Basberg/Jan Erik Ringstad/Einar

Wexeilsen (Hg.), *Whaling and History: Perspectives on the Evolution of the Industry*, Sandefjord: Sandefjordmuseene, 121–38.

— (2009), »Die Gegner der ›Olympic Challenger‹. Wie amerikanische Geheimdienste, Norweger und Deutsche das Walfangabenteuer des Aristoteles Onassis beendeten«, in: *Polarforschung* 79 (3), 155–76.

Bedjaoui, Mohammed (1979), *Towards a New International Economic Order*, New York: Holmes and Meier.

Benjamin, Walter (1965 [1921]), »Zur Kritik der Gewalt«, in: Walter Benjamin, *Zur Kritik der Gewalt und andere Aufsätze*, Frankfurt a. M.: Suhrkamp, 19–65.

— (1981), *Benjamin über Kafka. Texte, Briefzeugnisse, Aufzeichnungen*, hg. von Herrmann Schweppenhäuser, Frankfurt a. M.: Suhrkamp.

— (1981 [1934]), »Kafka. Zur zehnten Wiederkehr seines Todestages«, in: *Benjamin über Kafka. Texte, Briefzeugnisse, Aufzeichnungen*, hg. von Herrmann Schweppenhäuser, Frankfurt a. M.: Suhrkamp, 9–38.

Benton, Lauren (2010), *A Search for Sovereignty: Law and Geography in European Empires, 1400–1900*, Cambridge Mass.: Cambridge University Press.

Beveridge, William (1939), *Blockade and the Civilian Population*, Oxford: Clarendon Press.

Biehler, Birgit (2006), »Theologische Elemente in Carl Schmitts politischer Philosophie und in seinem Verständnis von ›Land‹ und ›Meer‹«, in: *Leviathan* 34 (3), 400–18.

Blaquart, Jean-Luc/Bernard Bourdin (Hg.) (2009), *Théologie et politique: une relation ambivalente: Origine et actualisation d'un problème*, Paris: Éditions L'Harmattan.

Blindow, Felix (1999), *Carl Schmitts Reichsordnung. Strategie für einen europäischen Großraum*, Berlin: de Gruyter.

Blumenberg, Hans (1999), *Legitimität der Neuzeit*, Frankfurt: Suhrkamp.

Böckenförde, Ernst-Wolfgang (1983), »Zum Begriff der politischen Theologie«, in: Jacob Taubes (Hg.), *Der Fürst dieser Welt. Carl Schmitt und die Folgen* (= *Religionstheorie und Politische Theologie*, Band 1), München: Fink/Schöningh, 16–25.

Boltanski, Luc (2015), *Rätsel und Komplotte: Kriminalliteratur, Paranoia, moderne Gesellschaft*, Frankfurt a. M.: Suhrkamp.

Brandt, Karl (1939), *The German fat plan and its economic setting*, Stanford: Stanford University-Food Research Institute.

— (1940), *Whale Oil. An Economic Analysis*, Stanford: Stanford University Press (Food Research Institute).

— (1948), *Whaling and Whale Oil during and after World War II*, Stanford: Stanford University Press.

Braudel, Fernand (2019 [1989]), *Out of Italy: Two Centuries of World Domination and Demise*, New York: Europa Editions.

Brechtken, Magnus (1998), *»Madagaskar für die Juden«: Antisemitische Idee und politische Praxis 1885–1945*, Oldenburg: de Gruyter.

Bredekamp, Horst (2009), »Behemoth als Partner und Feind des Leviathan. Zur politischen Ikonologie eines Monstrums«, in: *Leviathan* 37 (3), 429–75.

Breuer, Stefan (1994), *Bürokratie und Charisma. Zur Politischen Soziologie Max Webers*, Darmstadt: Wissenschaftliche Buchgesellschaft.

— (2012), *Carl Schmitt im Kontext. Intellektuellenpolitik in der Weimarer Republik*, Berlin: Akademie Verlag.

Brewer, John (1989), *The Sinews of Power: War, Money and the English State 1688–1783*, London: Routledge.

Brokoff, Jürgen/Jürgen Fohrmann (Hg.) (2003), *Politische Theologie. Formen und Funktionen im 20. Jahrhundert*, Paderborn: Schöningh.

Brown, Chris (2008), »From humanized war to humanitarian intervention. Carl Schmitt's critique of the Just War tradition«, in: Louiza Odysseos/Fabio Petito (Hg.), *The International Political Thought of Carl Schmitt: Terror, Liberal War and the Crisis of Global Order*, London: Routledge, 56–70.

Bundesamt für Kartographie und Geodäsie (2013), *Geographische Namen der Antarktis*.

Burgess, J. Peter (2008), »The evolution of European Union Law and Carl Schmitt's theory of the nomos of Europe«, in: Louiza Odysseos/Fabio Petito (Hg.), *The International Political Thought of Carl Schmitt: Terror, Liberal War and the Crisis of Global Order*, London: Routledge, 185–202.

Burnett, D. Graham (2012), *The Sounding of the Whale. Science & Cateceans in the Twentieth Century*, Chicago/London: The University of Chicago Press.

Cohen, Antonin (2012), *De Vichy à la Communauté européenne*, Paris: PUF.

Cole, Sanford D. (1918), »Highways of the Sea«, in: *Transactions of the Grotius Society* 4, 15–25.

Colliot-Thélène, Catherina (1999), »Carl Schmitt versus Max Weber: Juridical Rationality and Economic Rationality«, in: Chantal Mouffe (Hg.), *The Challenge of Carl Schmitt*, London/New York: verso, 138–54.

Corni, Gustavo (2009), »Hunger«, in: Gerhard Hirschfeld/Gerd Krumeich/Irina Renz (Hg.), *Enzyklopädie Erster Weltkrieg*, Paderborn: Schöningh, 565.

Dahlheimer, Manfred (1998), *Carl Schmitt und der deutsche Katholizismus 1888–1936*, Paderborn: Schöningh.

Damler, Daniel (2016), *Konzern und Moderne*, Frankfurt a. M.: Klostermann.

Davis, Lance E. (2012), *Naval Blockades in Peace and War: An Economic History Since 1750*, Cambridge: Cambridge University Press.

Deleuze, Gilles/Félix Guattari (1992), *Tausend Plateaus*, Berlin: Merve.

Derrida, Jacques (1991 [1990]), *Gesetzeskraft. Der »mystische Grund der Autorität«*, Frankfurt a. M.: Suhrkamp.

— (2017), *Préjugés. Vor dem Gesetz*, Passagen: Wien.

Eberl, Oliver (2021), *Naturzustand und Barbarei: Begründung und Kritik staatlicher Ordnung im Zeichen des Kolonialismus*, Hamburg: Hamburger Edition.

Ellis, Richard (2003), *The Empty Ocean. Plundering the World's Marine Life*, Washington D.C.: Island Press.

Engelbrekt, Kjell (2009), »What Carl Schmitt Picked Up in Weber's Seminar: A Historical Controversy Revisited«, in: *The European Legacy* 14 (6), 667–84.

Ertman, Thomas (1999), *The Birth of the Leviathan – building states and regimes in medieval and early modern Europe*, Cambridge: Cambridge University Press.

Fassbender, Bordo (2002), »Stories of War and Peace. On Writing the History of International Law in the ›Third Reich‹ and after«, in: *European Journal of International Law* 13 (2), 479–512.

Fernández, Joaquín Alcaide (2012), »Hostes humani generis: Pirates, Slavers, and other Criminals«, in: Bardo Fassbender/Anne Peters (Hg.), *The Oxford Handbook of the History of International Law*, Oxford: Oxford University Press, 120–44.

Feuerbach, Jean-Louis (1988), »La Théorie du Grossraum chez Carl Schmitt«, in: Helmut Quaritsch (Hg.), *Complexio Oppositorum – Über Carl Schmitt*, Berlin: Duncker & Humblot, 402–18.

Findlay, Ronald/Kevin O'Rourke (2007), *Power and Plenty. Trade, War, and the World Economy in the Second Millenium*, Princeton: Princeton University Press.

Findley, Carter Vaughn (2019), *Enlightening Europe on Islam and the Ottomans. Mouradgea d'Ohsson and His Masterpiece*, Leiden/Boston: Brill.

Finkelde, Dominik (2007), *Politische Eschatologie nach Paulus. Badiou – Agamben – Žižek – Santner*, Wien: Turia + Kant.

Fisch, Jörg (1984), *Die europäische Expansion und das Völkerrecht*, Stuttgart: Steiner.

Flint, John (1988), »Chartered Companies and the Transition from Informal Sway to Colonial Rule in Africa«, in: Stig Förster/Wolfgang J. Mommsen/Ronald Robinson (Hg.), *Bismarck, Europe, and Africa. The Berlin Africa Conference 1884–1885 and the Onset of Partition*, Oxford: Oxford University Press, 69–83.

Fögen, Marie Therese (1995), »The Legislator's Monologue: Notes on the History of Preambles«, in: *Chicago Kent Law Review* 70 (4), 1593–620.

— (2007), *Das Lied vom Gesetz*, München: Carl Friedrich von Siemens Stiftung.

Forsthoff, Ernst (Hg.) (1969), *Eunomia: Freundesgabe für Hans Barion zum 16. Dez. 1969*, Wiesbaden: Privatdruck/F. A. Brockhaus.

Foucault, Michel (2001), *In Verteidigung der Gesellschaft. Vorlesungen am Collège de France (1975–76)*, Frankfurt a. M.: Suhrkamp.

Fredona, Robert/Sophus A. Reinert (2020), »Leviathan and Kraken: States, Corporations, and Political Economy«, in: *History and Theory* 59 (2), 167–87.

Frieden, Jeffry A. (2006), *Global Capitalism. Its Fall and Rise in the Twentieth Century*, New York: W. W. Norton & Company.

Friedrich, Ernst (1911), *Geographie des Welthandels und Weltverkehrs*, Berlin: G. Fischer.

Galli, Carlo (2015 [2008]), *Janus's Gaze. Essays on Carl Schmitt*, Durham/ London: Duke University Press.

Gangl, Manfred (2011), »In den Fängen des Liberalismus. Carl Schmitt und sein Begriff des Politischen«, in: Rüdger Voigt (Hg.), *Freund-Feind-Denken. Carl Schmitts Kategorie des Politischen*, Stuttgart: Franz Steiner, 79–107.

Gerhard, Gesine (2015), *Nazi Hunger Politics. A History of Food in the Third Reich*, London: Rowman & Littlefield.

Gerlach, Christian (1998), *Krieg, Ernährung, Völkermord. Forschungen zur deutschen Vernichtungspolitik im Zweiten Weltkrieg*, Hamburg: Hamburger Edition.

Goudy, Henry u. a. (1918), »Report of the Committee on the Legal Status of Submarines«, in: *Transactions of the Grotius Society* 4, XXXI–L.

Greiffenhagen, Martin (1961), »Zum Problem einer ›Politischen Theologie‹«, in: *Zeitwende* 32, 539–46.

Grewe, Wilhelm G. (1984), *Epochen der Völkerrechtsgeschichte*, Baden-Baden: Nomos.

Grimm, Jacob und Wilhelm (1854–1960), *Deutsches Wörterbuch*, I–XVI, Leipzig: S. Hirzel.

Groh, Ruth (1998), *Arbeit an der Heillosigkeit der Welt. Zur politisch-theologischen Mythologie und Anthropologie Carl Schmitts*, Frankfurt a. M.: Suhrkamp.

Habermas, Jürgen (1964), »Kommentar«, in: Otto Stammer (Hg.), *Max Weber und die Soziologie heute. Verhandlungen des 15. Deutschen Soziologentages*, Tübingen: Mohr Siebeck, 74–81.

— (1981a), *Theorie des kommunikativen Handelns*, Band 1: *Handlungsrationalität und gesellschaftliche Rationalisierung*, Frankfurt a. M.: Suhrkamp.

— (1981b), *Theorie des kommunikativen Handelns*, Band 2: *Zur Kritik der funktionalistischen Vernunft*, Frankfurt a. M.: Suhrkamp.

Hackman, Willem (1984), *Seek & Strike. Sonar, anti-submarine warfare and the Royal Navy, 1913–1954*, London: HMSO Books.

Haley, Peter (1980), »Rudolph Sohm on Charisma«, in: *The Journal of Religion* 60 (2), 185–97.

Hall, S. S. (1919), »Submarine Warfare«, in: *Transactions of the Grotius Society* 5, 82–94.

Hallstein, Walter (1952), »Bekanntmachung über die Bestätigung der bei der Entdeckung von ›Neu-Schwabenland‹ im Atlantischen Sektor der Antarktis durch die Deutsche Antarktische Expedition 1938/39 erfolgten Benennungen geographischer Begriffe«, in: *Bundesanzeiger* 149 (4), 1–2.

Harlaftis, Gelina (2019), *Creating Global Shipping: Aristotle Onassis, the Vagliano Brothers, and the Business of Shipping, 1820–1970*, Cambridge: Cambridge University Press.

Harper, Steven R. (1994), »Submarine operations during the Falklands War«, United States Naval War College.

Headland, Robert (2009), *The Island of South Georgia*, London/New York/ Sidney: Cambridge University Press.

Headrick, Daniel R. (2020), *Humans versus Nature. A Global Environmental History*, Oxford: Oxford University Press.

Hebekus, Uwe (2003), »›Enthusiasmus und Recht‹. Figurationen der Akklamation bei Ernst H. Kantorowicz, Erik Peterson und Carl Schmitt«, in: Jürgen Brokoff/Jürgen Fohrmann (Hg.), *Politische Theologie. Formen und Funktionen im 20. Jahrhundert*, Paderborn: Schöningh, 97–113.

Hennig, Richard (1909), *Die Hauptwege des Weltverkehrs*, Leipzig: J.A. Barth.

— (1913), *Probleme des Weltverkehrs*, Berlin: Paetel.

Herwig, Holger H. (2000), »Total Rhetoric, limited War: Germany's U-Boat Campaign, 1917–18«, in: Roger Chickering/Stig Förster (Hg.), *Great War, Total War: Combat and Mobilization on the Western Front, 1914–1918*, Cambridge: Cambridge University Press, 189–206.

Hirst, F. W. (1918), »What the Americans Mean by Freedom of the Seas«, in: *Transactions of the Grotius Society* 4, 26–34.

Hoare, Philip (2009), *Leviathan or, The Whale*, London: Fourth Estate.

Hobbes, Thomas (2014 [1668]), *Behemoth, or the Long Parliament*, hg. von Paul Seaward, Oxford: Clarendon Press.

Hofmann, Hasso (2010 [1964]), *Legitimität gegen Legalität. Der Weg der politischen Philosophie Carl Schmitts*, Berlin: Duncker & Humblot.

Holl, Karl (1898), *Enthusiasmus und Bussgewalt beim griechischen Mönchtum – Eine Studie zu Symeon dem neuen Theologen*, Leipzig: J. C. Hinrich'sche Buchhandlung.

Hont, Istvan (2010), *Jealousy of Trade. International Competition and the Nation-State in Historical Perspective*, Cambridge Mass.: Harvard University Press.

Hooker, William (2009), *Carl Schmitt's International Thought: Order and Orientation*, Cambridge: Cambridge University Press.

Jansen, Hans (1997), *Der Madagaskar-Plan. Die beabsichtigte Deportation der europäischen Juden nach Madagaskar*, München: Langen Müller.

Joas, Hans (2002 [1986]), »Die unglückliche Ehe von Funktionalismus und Hermeneutik«, in: Axel Honneth/Hans Joas (Hg.), *Kommunikatives Handeln. Beiträge zu Jürgen Habermas' »Theorie des kommunikativen Handelns«*, Frankfurt a. M.: Suhrkamp, 144–76.

— (2019), *Die Macht des Heiligen. Eine alternative Geschichte von der Entzauberung*, Berlin: Suhrkamp.

Kafka, Franz (1979 [1915]), »Zur Frage der Gesetze«, in: Franz Kafka, *Sämtliche Erzählungen*, Frankfurt a. M.: Fischer, 314–15.

— (2006 [1925]), *Der Proceß*, Köln: Anaconda Verlag.

Keller, Arthur S./Oliver J. Lissitzyn/Frederick J. Mann (1967 [1938]), *Creation of Rights of Sovereignty Through Symbolic Acts, 1400–1800*, New York: Columbia University Press.

Kelly, Duncan (2016), »Carl Schmitt's Political Theory of Dictatorship«, in:

Jens Meierhenrich/Oliver Simons (Hg.), *The Oxford Handbook of Carl Schmitt*, Oxford: Oxford University Press, 216–44.

Kiesel, Helmuth (Hg.) (1999), *Ernst Jünger – Carl Schmitt, Briefe 1930–1983*, Stuttgart: Klett-Cotta.

Kilcher, Andreas (Hg.) (2021), *Franz Kafka – Die Zeichnungen*, München: C. H. Beck.

Koselleck, Reinhart (1973 [1954]), *Kritik und Krise. Eine Studie zur Pathogenese der bürgerlichen Welt*, Frankfurt a. M.: Suhrkamp.

Koskenniemi, Martti (2001), »Carl Schmitt, Hans Morgenthau, and the Image of Law in International Relations«, in: Michael Byers (Hg.), *The Role of Law in International Politics. Essays in International Relations and International Law*, Oxford: Oxford University Press, 17–34.

— (2016), »Carl Schmitt and International Law«, in: Jens Meierhenrich/Oliver Simons (Hg.), *The Oxford Handbook of Carl Schmitt*, Oxford: Oxford University Press, 592–611.

Krauss, Günter (1935), *Der Rechtsbegriff des Rechts. Eine Untersuchung des positivistischen Rechtsbegriffs im besonderen Hinblick auf das rechtswissenschaftliche Denken Rudolph Sohms*, Hamburg: Hanseatische Verlagsanstalt.

Legg, Stephen (Hg.) (2011), *Spatiality, Sovereignty and Carl Schmitt: Geographies of the Nomos*, London: Routledge.

Lennartz, Jannis (2018), *Juristische Granatsplitter. Sprache und Argument bei Carl Schmitt in Weimar*, Tübingen: Mohr Siebeck.

Lethen, Helmut (1994), *Verhaltenslehren der Kälte. Lebensversuche zwischen den Kriegen*, Frankfurt a. M.: Suhrkamp.

Lindemann, Uwe (2021), *Der Krake. Geschichte und Gegenwart einer politischen Leitmetapher*, Berlin: Kadmos.

Loughlin, Martin (2016), »Politonomy«, in: Jens Meierhenrich/Oliver Simons (Hg.), *The Oxford Handbook of Carl Schmitt*, Oxford: Oxford University Press, 570–91.

Löwith, Karl (1960 [1935]), »Der okkasionelle Dezisionismus von C. Schmitt«, in: Karl Löwith (Hg.), *Gesammelte Abhandlungen*, Stuttgart: Kohlhammer, 93–117.

— (1964), »Max Weber und Carl Schmitt«, in: *Frankfurter Allgemeine Zeitung* vom 27. 6. 1964.

Lüdecke, Cornelia/Colin Summerhayes (2012), *The Third Reich in Antarctica: The German Antarctic Expedition, 1938–39*, Norwich: Erskine Press.

Ludorff, Walter (1938), *Wal: Fang und Ausbeutung für die deutsche Volksernährung und Volkswirtschaft*, Leipzig: Barth.

Lundgreen, Christoph (2009), »Qua lege, quo jure? Die Ausnahme in der Römischen Republik und ihre Rezeption bei Carl Schmitt und Giorgio Agamben«, in: Gernot Kamecke/Bruno Klein/Jürgen Müller (Hg.), *Antike als Konzept. Lesarten in Kunst, Literatur und Politik*, Berlin: Lukas, 55–67.

Lüttge, Felix (2020), *Auf den Spuren des Wals. Geographien des Lebens im 19. Jahrhundert*, Göttingen: Wallstein.

Lynge, Erik (1936), *Der Walfang. Ein Beitrag zur Weltwirtschaft der Fettstoffe* (*Wandlungen in der Weltwirtschaft*, Heft 7), Leipzig: Bibliographisches Institut AG.
Macht, Theodor (1936), *Die deutsche Fettwirtschaft in und nach dem Kriege*, Hamburg: Hanseatische Verlags-Anstalt.
Mahan, Alfred Thayer (1906), »Reflections, Historic and Other, Suggested by the Battle of the Japan Sea (Tsushima)«, in: *US Naval Institute Proceedings* XXXVI (2).
Malcolm, Noel (2002), »Hobbes, Sandys, and the Virginia Company«, in: Noel Malcolm (Hg.), *Aspects of Hobbes*, Oxford: Oxford University Press, 53–79.
Manow, Philip (2011), *Politische Ursprungsphantasien. Der Leviathan und sein Erbe*, Konstanz: Konstanz University Press.
— (2017), »›Der Wal hat uns geführt!‹ – Carl Schmitt, der Große Fisch und die planetarische Raumrevolution«, in: Iris Därmann/Stephan Zandt (Hg.), *Andere Ökologien. Transformationen von Mensch und Tier*, München: Fink, 201–20.
Marschler, Thomas (2004), *Kirchenrecht im Bannkreis Carl Schmitts*, Bonn: nova & vetera.
Mehring, Reinhard (1990), »Politische Ethik in Max Webers ›Politik als Beruf‹ und Carl Schmitts ›Der Begriff des Politischen‹«, in: *Politische Vierteljahresschrift* 31 (4), 608–26.
— (2009), *Carl Schmitt: Aufstieg und Fall. Eine Biographie*, München: C. H. Beck.
Meier, Heinrich (2012), *Die Lehre Carl Schmitts. Vier Kapitel zur Unterscheidung Politischer Theologie und Politischer Philosophie*, Stuttgart: J. B. Metzler.
— (2013 [1988]), *Carl Schmitt, Leo Strauß und der »Begriff des Politischen«. Zu einem Dialog unter Abwesenden*, Stuttgart: J. B. Metzler.
Meinel, Florian (i. E.), »Die ›Gegenkraft des Schweigens‹: Carl Schmitts Politik der Stille« [erscheint in einem Tagungsband der Krupp-Reimers-Forschungsgruppe].
Merklein, Helmut (1987), »Die Ekklesia Gottes. Zum Kirchenbegriff bei Paulus und in Jerusalem«, in: Helmut Merklein (Hg.), *Studien zu Jesus und Paulus*, Tübingen: Mohr Siebeck, 296–318.
Mionskowski, Alexander (2015), *Souveränität als Mythos. Hugo von Hofmannsthals Poetologie des Politischen und die Inszenierung moderner Herrschaftsformen in seinem Trauerspiel »Der Turm« (1924/25/26)*, Wien/Köln/Weimar: Böhlau.
Moloney, Pat (2011), »Hobbes, Savagery, and International Anarchy«, in: *American Political Science Review* 105 (1), 189–204.
Momigliano, Arnaldo (1991 [1955]), *Wege in die Alte Welt*, Berlin: Wagenbach.
Mommsen, Wolfgang J. (1974 [1959]), *Max Weber und die deutsche Politik, 1890–1920*, Tübingen: Mohr Siebeck.
— (1989), »Politik und Politische Theorie bei Max Weber«, in: Johannes

Weiß (Hg.), *Max Weber heute. Erträge und Probleme der Forschung*, Frankfurt a. M.: Suhrkamp, 514–42.
Montmorency, de J. E. G. (1917), »The Control of Air Spaces«, in: *Transactions of the Grotius Society* 3, 61–69.
— (1918), »The Barbary States in International Law«, in: *Transactions of the Grotius Society* 4, 87–94.
Mouradgea d'Ohsson, Ignatius (1824), *Tableau Général de L'Empire Othoman: divisé en deux Parties, dont l'une comprend la Législation mahométane, l'autre, L'Histoire de L'Empire Othoman*, Tome septième: *L'État actuel de L'Empire Othoman*, Paris: Firmin Didot Père et Fils (zitiert nach https://www.digitale-sammlungen.de/de/view/bsb10718443?page=7).
Moyn, Samuel (2012), *The Last Utopia: Human Rights in History*, Cambridge Mass.: Harvard University Press.
Muldoon, James (2002), »Who owns the Sea?«, in: Bernhard Klein (Hg.), *Fictions of the Sea. Critical Perspectives in English Literature and Culture*, Aldershot: Ashgate Publishing, 13–27.
Murphy, Gretchen (2005), *Hemispheric Imaginings. The Monroe Doctrine and Narratives of U. S. Empire*, Durham: Duke University Press.
Mutzmacher, Helmut (1966), »Deutsch-Englische Ausgleichsbemühungen im Sommer 1939«, in: *Vierteljahrshefte für Zeitgeschichte* 14 (4), 369–412.
Neumann, Michael (2010), »Ergriffenheit: Figurationen der Berührung«, in: Elizabeth Guilhamon/Daniel Meyer (Hg.), *Die streitbare Klio. Zur Repräsentation von Macht und Geschichte in der Literatur*, Frankfurt a. M.: Lang, 27–42.
— (2017), »›Übergangsmenschen‹«, in: *Merkur – Deutsche Zeitschrift für Europäisches Denken* 71 (818), 77–85.
Neumann, Volker (1980), *Der Staat im Bürgerkrieg. Kontinuität und Wandlung des Staatsbegriffs bei Carl Schmitt*, Frankfurt a. M.: Campus.
— (2015), *Carl Schmitt als Jurist*, Tübingen: Mohr Siebeck.
Nichtweiss, Barbara (1992), *Erik Peterson. Neue Sicht auf Leben und Werk*, Freiburg: Herder.
— (1994), »Apokalyptische Verfassungslehren. Carl Schmitt im Horizont der Theologie Erik Petersons«, in: Bernd Wacker (Hg.), *Die eigentlich katholische Verschärfung… Konfession, Theologie und Politik im Werk Carl Schmitts*, München: Fink, 37–64.
Niethammer, Lutz (2000), *Kollektive Identität. Heimliche Quellen einer unheimlichen Konjunktur*, Hamburg: Rowohlt.
Nippel, Wilfried (2004), »Rezension zu: Hamacher, Hendrik: Carl Schmitts Theorie der Diktatur und die intermediären Gewalten«, in: *H-Soz-Kult*, 22. 9. 2004 (www.hsozkult.de/publicationreview/id/reb-3606).
— (2008), *Antike oder moderne Freiheit? Die Begründung der Demokratie in Athen und in der Neuzeit*, Frankfurt a. M.: Fischer.
Nissen, Adolph (1877), *Das Justitium. Eine Studie aus der römischen Rechtsgeschichte*, Leipzig: J. M. Gebhardt's Verlag.

Nolan, Mary (2012), *The Transatlantic Century: Europe and America, 1890–2010*, Cambridge: Cambridge University Press.

Nolte, Ernst (1972), »Diktatur«, in: Otto Brunner/Werner Conze/Reinhart Koselleck (Hg.), *Geschichtliche Grundbegriff. Historisches Lexikon zur politisch-sozialen Sprache in Deutschland* 1 (A–D), Stuttgart: Ernst Klett, 900–24.

Nussbaum, Martha C. (2016), *Politische Emotionen. Warum Liebe für Gerechtigkeit wichtig ist*, Berlin: Suhrkamp.

Oakeshott, Michael (1962), *Rationalism in Politics and other Essays*, London: Basic Books.

O'Rourke, Kevin/Jeffrey G. Williamson (2001), *Globalization and History: The Evolution of a Nineteenth-Century Atlantic Economy*, Cambridge Mass.: MIT Press.

Odysseos, Louiza/Fabio Petito (Hg.) (2007), *The International Political Thought of Carl Schmitt. Terror, liberal war, and the crisis of global order*, London: Routledge.

Offer, Avner (1991), *The First World War: An Agrarian Interpretation*, Oxford: Oxford University Press.

— (2000), »The Blockade of Germany and the Strategy of Starvation 1914–1918: An Agency Perspective«, in: Roger Chickering/Stig Förster (Hg.), *Great War, Total War: Combat and Mobilization on the Western Front, 1914–1918*, Cambridge: Cambridge University Press, 169–88.

Oreskes, Naomi (2021), *Science on a Mission. How military Funding shaped what we do and don't know about the Ocean*, Chicago/London: The University of Chicago Press.

Ortmann, Günther/Marianne Schuller (Hg.) (2019), *Kafka: Organisation, Recht, Schrift*, Weilerswist: Velbrück.

Pedersen, Susan (2015), *The Guardians: The League of Nations and the Crisis of Empire*, Oxford: Oxford University Press.

Peters, Nicolaus (Hg.) (1938), *Der neue deutsche Walfang. Ein praktisches Handbuch seiner geschichtlichen, rechtlichen, naturwissenschaftlichen und technische Grundlagen*, Berlin: Im Auftrag des Reichsministeriums für Ernährung u. Landwirtschaft.

Peterson, Erik (1994 [1935]), »Der Monotheismus als politisches Problem«, in: *Theologische Traktate. Ausgewählte Schriften: Band 1*, hg. von Barbara Nichtweiß, Würzburg: Echter Verlag, 23–81.

— (1994 [1935a]), »Von den Engeln«, in: *Theologische Traktate*, Würzburg: Echter Verlag, 195–243.

— (1994 [1936]), »Christus als Imperator«, in: *Theologische Traktate*, Würzburg: Echter Verlag, 83–92.

— (2004), *Offenbarung des Johannes und politisch-theologische Texte. Ausgewählte Schriften: Band 4*, hg. von Barbara Nichtweiß, Würzburg: Echter Verlag.

— (2006 [1924/25]), *Der erste Brief an die Korinther und Paulus Studien. Ausgewählte Schriften: Band 7*, hg. von Barbara Nichtweiß, Würzburg: Echter Verlag.

Quaritsch, Helmut (1970), *Staat und Souveränität*, Bd. 1: *Die Grundlagen*, Frankfurt a. M.: Athenäum.

Rasch, William (2000), »Conflict as a Vocation: Carl Schmitt and the Possibility of Politics«, in: *Theory, Culture and Society* 17 (6), 1–32.

— (2003), »Messias oder Katechon? Carl Schmitts Stellung zur politischen Theologie«, in: Jürgen Brokoff/Jürgen Fohrmann (Hg.), *Politische Theologie. Formen und Funktionen im 20. Jahrhundert*, Paderborn: Schöningh, 39–54.

Reischle, Max (1895), *Sohms Kirchenrecht und der Streit über das Verhältnis von Recht und Kirche*, Berlin: Aufbau.

Rocha, Robert C./Philip J. Jr. Clapham/Yulia V. Ivashcenko (2014), »Emptying the Oceans: A Summary of Industrial Whaling Catches in the 20th Century«, in: *Marine Fisheries Review* 76 (4), 37–48.

Rössler, Eberhard (2006), *Die Sonaranlagen der deutschen Unterseeboote. Entwicklung, Erprobung, Einsatz und Wirkung akustischer Ortungs- und Täuschungseinrichtungen der deutschen Unterseeboote*, Bonn: Bernard & Graefe.

Scheuerman, William E. (1998), *Carl Schmitt: The End of Law*, London: Rowman & Littlefield.

Schindler, Alfred (Hg.) (1978), *Monotheismus als politisches Problem? Erik Peterson und die Kritik der Politischen Theologie*, Gütersloh: Verlagshaus Gerd Mohn.

Schlier, Heinrich (1980 [1960]), »Erik Peterson«, in: ders., *Der Geist und die Kirche. Exegetische Aufsätze und Vorträge IV*, Freiburg: Herder, 265–69.

Schlink, Bernhard (1991), »Why Carl Schmitt?«, in: *Rechtshistorisches Journal* 10, 160–76.

Schmidt, Christoph (2009), *Die theopolitische Stunde. Zwölf Perspektiven auf das eschatologische Problem der Moderne*, München: Fink.

— (2014), »The Return of the Katechon: Giorgio Agamben contra Erik Peterson«, in: *The Journal of Religion* 94 (2), 182–202.

Schmitt, Carl (1923a), »Soziologie des Souveränitätsbegriffs und politische Theologie«, in: Melchior Palyi (Hg.), *Erinnerungsgabe für Max Weber*, Band II, München/Leipzig: Duncker & Humblot, 3–35.

— (1923b), *Die geistesgeschichtliche Lage des heutigen Parlamentarismus*, München: Duncker & Humblot.

— (1989 [1928]), *Verfassungslehre*, Berlin: Duncker & Humblot.

— (1988 [1929]), »Das Zeitalter der Neutralisierungen und Entpolitisierungen«, in: Carl Schmitt (Hg.), *Positionen und Begriffe im Kampf mit Weimar – Genf – Versailles 1923–1939*, Berlin: Duncker & Humblot, 120–31.

— (1942), *Land und Meer. Eine weltgeschichtliche Betrachtung*, Stuttgart: Reclam.

— (1950), *Donoso Cortés in gesamteuropäischer Interpretation. Vier Aufsätze*, Köln: Greven.
— (1958 [1941]), »Staat als konkreter, an eine geschichtliche Epoche gebundener Begriff«, in: Carl Schmitt (Hg.), *Verfassungsrechtliche Aufsätze aus den Jahren 1924–1954. Materialien zu einer Verfassungslehre*, Berlin: Duncker & Humblot, 375–85.
— (1958 [1947]), »Der Zugang zum Machthaber, ein zentrales verfassungsrechtliches Problem«, in: Carl Schmitt (Hg.), *Verfassungsrechtliche Aufsätze aus den Jahren 1924–1954. Materialien zu einer Verfassungslehre*, Berlin: Duncker & Humblot, 430–39.
— (1958 [1950]), »Das Problem der Legalität«, in: Carl Schmitt (Hg.), *Verfassungsrechtliche Aufsätze aus den Jahren 1924–1954. Materialien zu einer Verfassungslehre*, Berlin: Duncker & Humblot, 440–51.
— (1958 [1953]), »Nehmen / Teilen / Weiden: Ein Versuch, die Grundfragen jeder Sozial- und Wirtschaftsordnung vom *Nomos* her richtig zu stellen«, in: Carl Schmitt (Hg.), *Verfassungsrechtliche Aufsätze aus den Jahren 1924–1954. Materialien zu einer Verfassungslehre*, Berlin: Duncker & Humblot, 489–504.
— (1969 [1912]), *Gesetz und Urteil. Eine Untersuchung zum Problem der Rechtspraxis*, München: C. H. Beck.
— (1982 [1938]), *Der Leviathan in der Staatslehre des Thomas Hobbes. Sinn und Fehlschlag eines politischen Symbols*, Köln: Hohenheim Verlag.
— (1982 [1965]), »Die vollendete Reformation«, in: Carl Schmitt, *Der Leviathan in der Staatslehre des Thomas Hobbes. Sinn und Fehlschlag eines politischen Symbols*, mit einem Anhang sowie Nachwort des Herausgebers, Köln: Hohenheim Verlag, 137–78.
— (1984 [1923]), *Römischer Katholizismus und Politische Form*, Stuttgart: Klett-Cotta.
— (1984 [1970]), *Politische Theologie II. Die Legende von der Erledigung jeder Politischen Theologie*, Berlin: Duncker & Humblot.
— (1988 [1927]), »Der Begriff des Politischen«, in: Carl Schmitt (Hg.), *Positionen und Begriffe im Kampf mit Weimar – Genf – Versailles 1923–1939*, Berlin: Duncker & Humblot, 67–74.
— (1988 [1930]), »Staatsethik und pluralistischer Staat«, in: Carl Schmitt (Hg.), *Positionen und Begriffe im Kampf mit Weimar – Genf – Versailles 1923–1939*, Berlin: Duncker & Humblot, 133–45.
— (1988 [1932a]), »Völkerrechtliche Formen des modernen Imperialismus«, in: Carl Schmitt (Hg.), *Positionen und Begriffe im Kampf mit Weimar – Genf – Versailles 1923–1939*, Berlin: Duncker & Humblot, 162–80.
— (1988 [1932b]), *Legalität und Legitimität*, Berlin: Duncker & Humblot.
— (1988 [1939]), »Großraum gegen Universalismus«, in: Carl Schmitt (Hg.), *Positionen und Begriffe im Kampf mit Weimar – Genf – Versailles 1923–1939*, Berlin: Duncker & Humblot, 295–302.
— (1995 [1940]), »Raum und Großraum im Völkerrecht«, in: Carl Schmitt

(Hg.), *Staat, Großraum, Nomos. Arbeiten aus den Jahren 1916–1969*, Berlin: Duncker & Humblot, 234–68.

— (1995 [1941]), »Staatliche Souveränität und freies Meer«, in: Carl Schmitt (Hg.), *Staat, Großraum, Nomos. Arbeiten aus den Jahren 1916–1969*, Berlin: Duncker & Humblot, 401–30.

— (1997 [1950]), *Der Nomos der Erde im Völkerrecht des Jus Publicum Europaeum*, Berlin: Duncker & Humblot.

— (1998 [1919]), *Politische Romantik*, Berlin: Duncker & Humblot.

— (2004 [1922]), *Politische Theologie. Vier Kapitel zur Lehre von der Souveränität*, Berlin: Duncker & Humblot.

— (2005 [1915–1919]), *Die Militärzeit 1915 bis 1919. Tagebuch Februar bis Dezember 1915, Aufsätze und Materialien*, hg. von Ernst Hüsmert und Gerd Giesler, Berlin: Akademie Verlag.

— (2005 [1917]), »Die Sichtbarkeit der Kirche«, in: Ernst Hüsmert und Gerd Giesler (Hg.), *Carl Schmitt – Die Militärzeit 1915 bis 1919. Tagebuch Februar bis Dezember 1915, Aufsätze, Materialien*, Berlin: Akademie Verlag, 445–52.

— (2007 [1938]), *Die Wendung zum diskriminierenden Kriegsbegriff*, Berlin: Duncker & Humblot.

— (2008 [1954]), *Gespräch über die Macht und den Zugang zum Machthaber*, Stuttgart: Klett-Cotta.

— (2009 [1941]), *Völkerrechtliche Großraumordnung mit Interventionsverbot für raumfremde Mächte*, Berlin: Duncker & Humblot.

— (2011 [1967]), *Die Tyrannei der Werte*, Berlin: Duncker & Humblot.

— (2014 [1921–1924]), *Der Schatten Gottes. Introspektionen, Tagebücher und Briefe 1921 bis 1924*, hg. von Gerd Giesler, Ernst Hüsmert und Wolfgang H. Spindler, Berlin: Duncker & Humblot.

— (2015 [1914]), *Der Wert des Staates und die Bedeutung des Einzelnen*, Berlin: Duncker & Humblot.

— (2015 [1921]), *Die Diktatur. Von den Anfängen des modernen Souveränitätsgedankens bis zum proletarischen Klassenkampf*, Berlin: Duncker & Humblot.

— (2015 [1991]), *Glossarium. Aufzeichnungen aus den Jahren 1947 bis 1958*, Berlin: Duncker & Humblot.

— (2017 [1910]), *Über Schuld und Schuldarten. Eine terminologische Untersuchung*, Berlin: Duncker & Humblot.

— (2018), *Der Begriff des Politischen. Synoptische Darstellung der Texte. Im Auftrag der Carl-Schmitt-Gesellschaft*, hg. von Marco Walter, Berlin: Duncker & Humblot.

— (2021), *Gesammelte Schriften 1933–1936*, Berlin: Duncker & Humblot.

Schmitz, Alexander/Marcel Lepper (2007a), »Logik der Differenzen und Spuren des Gemeinsamen: Hans Blumenberg und Carl Schmitt«, in: Alexander Schmitz/Marcel Lepper (Hg.), *Hans Blumenberg – Carl Schmitt. Briefwechsel 1971–1978*, Frankfurt a. M.: Suhrkamp, 253–306.

— (2007b), *Hans Blumenberg – Carl Schmitt. Briefwechsel 1971–1978*, Frankfurt a. M.: Suhrkamp.

Schmoeckel, Mathias (1994), *Die Großraumtheorie. Ein Beitrag zur Geschichte der Völkerrechtswissenschaft im Dritten Reich, insbesondere der Kriegszeit*, Berlin: Duncker & Humblot.

Schnur, Wolfgang (1961), »Land und Meer – Napoleon gegen England. Ein Kapitel der Geschichte internationaler Politik«, in: *Zeitschrift für Politik* 8 (1), 11–29.

Scholl, Lars U. (1988), »German Whaling in the 1930s«, in: Lewis R. Fischer/Helge W. Nordvik/Walter E. Minchinton (Hg.), *Shipping and Trade in the Northern Seas 1600–1939*, Bergen: Association for the History of the Northern Seas, 103–21.

— (1991), »Whale Oil and Fat Supply: The Issue of German Whaling in the Twentieth Century«, in: *International Journal of Maritime History* 3 (2), 39–62.

Scholz, Frithard (1983 [1978]), »Die Theologie Carl Schmitts«, in: Jacob Taubes (Hg.), *Religionstheorie und Politische Theologie. Der Fürst dieser Welt. Carl Schmitt und die Folgen*, München: Fink/Schöningh, 153–73.

Schubert, Kurt (1954), »Ultraschall im Walfang«, in: *Umschau Wiss. Technik* 54.

Schwebel, Stephen M. (2010), »The kingdom of Saudi Arabia and Aramco arbitrate the Onassis agreement«, in: *The Journal of World Energy Law & Business* 3 (3), 245–56.

Seeck, Otto Karl (1899), »Cancellarius«, in: *Paulys Realencyclopädie der classischen Altertumswissenschaften*, Band III/2, Stuttgart: Metzler, Sp. 1456–59.

Sexton, Jay (2011), *The Monroe Doctrine. Empire and Nation in Nineteenth-Century America*, New York: Farrar, Straus and Giroux.

Skrodzki, Bernhard (1925), *Die Unterseebootfrage auf der Washingtoner Abrüstungskonferenz 1921/22*, Berlin: Dümmler.

Slater, Jay (Hg.) (2009), *Under Fire: A Century of War Movies*, Shepperton: Ian Allen Ltd.

Slocum, J. David (Hg.) (2006), *Hollywood and War: The Film Reader*, London: Routledge.

Smedal, Gustav (1931), *Erwerb von Staatshoheit über Polargebiete*, Königsberg: Gräfe und Unzer.

— (1943), *Souveränitätsfragen der Polargebiete. Norwegische Interessen in den Eismeeren*, Oslo: Kamban.

Söding, Thomas (2012), »Ein Ausnahme-Exeget. Erik Peterson in der Theologie seiner Zeit«, in: Giancarlo Caronello (Hg.), *Erik Peterson. Die theologische Präsenz eines Outsiders*, Berlin: Duncker & Humblot, 185–210.

Sohm, Rudolph (1912), *Wesen und Ursprung des Katholizismus*, Leipzig/Berlin: B. G. Teubner.

— (1970 [1923, 2. Aufl., zuerst 1892]), *Kirchenrecht. Teil I: Die geschichtlichen Grundlagen*, Berlin: Duncker & Humblot.

Sparenberg, Ole (2012), *»Segen des Meeres«: Hochseefischerei und Walfang im Rahmen der nationalsozialistischen Autarkiepolitik*, Berlin: Duncker & Humblot.

Spindler, Wolfgang (2011), *»Humanistisches Appeasement«? Hans Barions Kritik an der Staats- und Soziallehre des Zweiten Vatikanischen Konzils*, Berlin: Duncker & Humblot.

— (2015), *Die politische Theologie Carl Schmitts. Kontext – Interpretation – Kritik*, Hamburg: disserta Verlag.

Steinberg, Philip E. (2011), »Free Sea«, in: Stephen Legg (Hg.), *Spatiality, Sovereignty and Carl Schmitt. Geographies of the nomos*, Abingdon: Routledge, 268–75.

Stunz, Holger Reiner (2013), *Walfisch, Wissenschaft, Wettbewerb – Die deutschen Ansprüche auf Teile der Antarktis: Die »Neuschwabenland«-Expedition von 1938/39 im Kontext*, Mainz: Grin Verlag.

Summerhayes, Colin/Peter Beeching (2007), »Hitler's Antarctic base: the myth and the reality«, in: *Polar Record* 43 (224), 1–21.

Taubes, Jacob (1987), *Ad Carl Schmitt – Gegenstrebige* Fügung, Berlin: Merve.

Toennessen, J. N./Arne Odd Johnsen (1982), *The History of Modern Whaling*, Berkeley: University of California Press.

Tooze, Adam (2006), *Ökonomie der Zerstörung. Die Geschichte der Wirtschaft im Nationalsozialismus*, München: Siedler.

Tralau, Johan (2010), »Order, the ocean, and Satan: Schmitt's Hobbes, National Socialism, and the enigmatic ambiguity of friend and foe«, in: *Critical Review of International Social and Political Philosophy* 13 (2–3), 435–52.

Troeltsch, Ernst (1994 [1912]), *Die Soziallehren der christlichen Kirchen und Gruppen*, Teilband 2, Tübingen: Mohr Siebeck.

Twellmann, Marcus (2004), *Das Drama der Souveränität. Hugo von Hofmannsthal und Carl Schmitt*, München: Fink.

Ulmen, Gary L. (1991), *Politischer Mehrwert. Eine Studie über Max Weber und Carl Schmitt*, Weinheim: VCH Verlagsgesellschaft.

Vatter, Miguel (2016), »The Political Theology of Carl Schmitt«, in: Jens Meierhenrich/Oliver Simons (Hg.), *The Oxford Handbook of Carl Schmitt*, Oxford: Oxford University Press, 245–268.

Venzke, Ingo (2021), »The Law of the Global Economy and the Spectre of Inequality«, in: *London Review of International Law* 9 (2021), 111–34.

Vincent, C. Paul (1985), *The Politics of Hunger: The Allied Blockade of Germany, 1915–1919*, Ohio: Ohio University Press.

Virilio, Paul (1980 [1977]), *Geschwindigkeit und Politik*, Berlin: Merve.

Vismann, Cornelia (2000), *Akten. Medientechnik und Recht*, Frankfurt a. M.: Fischer.

— (2012 [1995]), »Terra nullius. Zum Feindbegriff des Völkerrechts«, in: Cornelia Vismann (Hg.), *Das Recht und seine Mittel. Ausgewählte Schriften*, Frankfurt a. M.: Fischer, 301–20.

Vogl, Joseph (2015), *Der Souveränitätseffekt*, Zürich/Berlin: diaphanes.

— (2021), *Kapital und Ressentiment. Eine kurze Theorie der Gegenwart*, München: C. H. Beck.

Walde, Alois/J. B. Hofmann (2007/08), *Lateinisches etymologisches Wörterbuch*, Heidelberg: Winter.

Wagemann, Ernst (1917), *Nahrungswirtschaft des Auslands*, Berlin: Verlag der Beiträge zur Kriegswirtschaft.

— (1923), *Allgemeine Geldlehre*, Jena: G. Fischer.

Weber, Max (1922), *Grundriss der Sozialökonomik. III. Abteilung: Wirtschaft und Gesellschaft*, Tübingen: Mohr Siebeck.

— (1988 [1919]), »Der Reichspräsident«, in: Max Weber (Hg.), *Gesammelte Politische Schriften*, Tübingen: Mohr Siebeck, 498–501.

— (2009 [1920]), *Allgemeine Staatslehre und Politik (Staatssoziologie). Mit- und Nachschriften* 1920, Max Weber Gesamtausgabe, Band III/7, Tübingen: Mohr Siebeck.

Wehler, Hans-Ulrich (2016), »Das analytische Potential des Charisma-Konzepts: Hitlers charismatische Herrschaft«, in: Andreas Anter/Stefan Breuer (Hg.), *Max Webers Staatssoziologie*, Baden-Baden: Nomos, 175–89.

Weidemann, Hans-Ulrich (2006), »Erik Peterson und Paulus«, in: Peterson, Erik [1924/25], *Der erste Brief an die Korinther und Paulus Studien. Ausgewählte Schriften: Band* 7, hg. von Barbara Nichtweiß, Würzburg: Echter Verlag, XV–XXV.

— (2012), »›Paulus an die Ekklesia Gottes, die in Korinth ist‹. Der Kirchenbegriff in Petersons Auslegung des ersten Korintherbriefs«, in: Giancarlo Caronello (Hg.), *Erik Peterson. Die theologische Präsenz eines Outsiders*, Berlin: Duncker & Humblot, 260–96.

Weinreb, Alice (2019), *Modern Hungers: Food and Power in Twentieth-Century Germany*, Oxford: Oxford University Press.

Wirsing, Gieselher (1942), *Der Krieg 1939/41 in Karten*, München: Knorr & Hirth.

Wohlthat, Helmuth C. (1938), »Walfang und Londoner Abkommen zur Regelung des Walfangs«, in: *Fette und Seifen* 45, 13–16.

Zanetti, Sandro (2010), »›Da-sein und Ihm-gehören‹. Leben und Gesetz in Kafkas Aufzeichnungen«, in: Caspar Battegay/Felix Christen (Hg.), *Schrift und Zeit in Franz Kafkas Oktavheften*, Göttingen: Wallstein, 87–100.